昆明都市驱动型乡村振兴实验研究
系列丛书/丛书主编　李小云

万溪梨镇

——滇中城郊村的乡村振兴路径探索

陆继霞　李小云 等　著

中国农业出版社
北　京

图书在版编目（CIP）数据

万溪梨镇：滇中城郊村的乡村振兴路径探索 / 陆继霞等著. —北京：中国农业出版社，2022.12

（昆明都市驱动型乡村振兴实验研究系列丛书）

ISBN 978-7-109-30299-0

Ⅰ.①万… Ⅱ.①陆… Ⅲ.①农村一社会主义建设一研究一昆明 Ⅳ.①F327.741

中国版本图书馆 CIP 数据核字（2022）第 235076 号

中国农业出版社出版

地址：北京市朝阳区麦子店街 18 号楼

邮编：100125

责任编辑：闫保荣

版式设计：杜 然　　责任校对：吴丽婷

印刷：北京中兴印刷有限公司

版次：2022 年 12 月第 1 版

印次：2022 年 12 月北京第 1 次印刷

发行：新华书店北京发行所

开本：700mm×1000mm　1/16

印张：13.5

字数：215 千字

定价：68.00 元

昆明都市驱动型乡村振兴
实验研究系列丛书

主　　编：李小云

副 主 编：毕　强　赵鸭桥

参编人员：齐顾波　唐丽霞　陆继霞　董　强
王妍蕾　宋海燕　廖　兰　徐　进
刘正海　曾　艳　刘光耀　鲍丽红

本书著者：陆继霞　李小云　贾春帅　林秋香

著者单位：中国农业大学

总序

都市动能的转化——乡村振兴战略实现路径的探索

乡村振兴战略是在快速的城市化和工业化条件下导致城乡差异不断扩大、乡村出现衰落的情况下提出的发展战略，这一战略不仅仅是乡村发展的战略，也是城乡协调发展促进城乡融合、推动高质量发展的国家战略。由于社会经济发展的不平衡、地理区位条件的差异，我国乡村也出现了分化，大致能够分成三种类型，一是与都市的经济社会文化联系紧密的乡村地区，如城市的郊区特别是大中型城市的郊区；二是受都市影响相对较弱的以农业为主的地区；三是经济社会发展相对落后的乡村地区。从过去几十年的社会转型过程看，受都市圈影响大的乡村地区呈现出的转型问题往往更为明显和剧烈，靠近都市的区位是一把双刃剑，一方面，乡村的人力、土地和资源等发展要素更容易被吸引流动到都市，更容易出现“城中村”和“空心村”；另一方面，城市的消费、市场、管理、资本等发展要素也更容易流入到乡村，从而将城市动能转化为乡村发展动能，更容易实现一二三产业的融合，培育新业态，出现“旅游特色村”和“网红村”等。实践中，拥有临近都市区位的乡村也并没有全部都走上振兴的道路，这也就意味着城市动能转变为乡村发展动能还需要内在机制的诱发，这一机制是什么？这也就是我和我的团队在昆明开展都市驱动型乡村振兴创新实验所要回答的核心问题。

2019 年，中国农业大学和昆明市签订了战略合作协议开始进行乡村振兴创新实验，探索乡村振兴战略实现路径。我们就和昆明的同志一起讨论，这个乡村振兴创新实验应该做什么？解决什么问题？我和团队在云南省西双版纳勐腊县河边村的深度贫困综合实验的实践探索虽然取得了显著的成效，一个远离都市的贫困的瑶族小山村已经发展成了一个以高端会议经济、游学经济和度假经济为核心的明星村，但昆明的乡村和河边村显然不同。考虑到昆明作为云南省的省会，又是一个旅游文化名城，虽然其经济与国内其他一线城市相比还有一定的差距，但是已经具备了区域中心城市的基本特点，因此，我们提出了“都市驱动型乡村振兴”的概念，在昆明实验如何将都市动能有效转化为乡村振兴的发展动能，重构城乡之间的要素互动关系。

都市驱动型的乡村振兴实验对于村庄的选择还是有一定条件和要求的，于是就以昆明主城区为半径，车程在一个半小时左右为原则，在昆明市的呈贡区、安宁市、富民县、晋宁区、石林县和宜良县各选了一个村，开始了为期三年的都市驱动型乡村振兴的创新实验，实验工作按照中央乡村振兴战略的框架设计，具体到如何能把乡村的利益更多地留在乡村，闲置资产如何盘活，如何培养乡村人才，生态价值化，传统文化保护，村事管理，涉农资金使用等八个方面，即八大机制：第一，产业增值收益留村哺农机制。始终坚持把农民更多分享增值收益作为产业兴旺的基本出发点，培育乡村新产业新业态，打造农村产业融合发展新载体新模式，着力增强农民参与融合能力，推动要素跨界配置和产业有机融合，让农村一二三产业在融合发展中同步升级、同步增值、同步受益。注重小农户和现代农业利益衔接，探索农业保粮农民增收机制。创新收益分享模式，健全联农带农有效激励机制，努力实现产业融合发展的增值收益留在乡村、惠及农民。第二，乡村生态资源价值实现机制。顺应城乡居民消费拓展升级趋势，结合各地资源禀赋，进一步盘活乡村森林、草原、湿地等生态资源，打造全域有机生态乡村。深入发掘农业农村的生态涵养、休闲观光、文化体验、健康养老等多种功能和多重价值，探索政府主导、村民主体、社会参与、市场运作的生态产品价值实现路径。遵循市场规律，推动乡村资源全域化整合、多元化增值，增强地方特色产品时代感和竞争力，形成新的消费热点，增加乡村生态产品和服务供给。第三，乡村特色文化传承保护机制。因村制宜传承保护农耕文化、传统文化、民族文化、红色文化等乡土特色文化，划定乡村建设的历史文化保护线，保护好文物古迹、传统村落、民族村寨、传统建筑、农业遗迹遗产等，大力发展乡村旅游、美丽经济实施农村非物质文化遗产传承发展工程，做好乡村经济社会变迁物证征藏，鼓励乡村修史编志。第四，村政服务体系和乡村善治机制。借鉴市政服务理念，探索建立乡村公共服务综合体，构建专业化、社会化的村政服务体系，让村民生活便利舒服并且成本较低。在现有基础上，推进乡村公共服务提档升级、阔域增项、提标扩面，创新乡村基础设施和公共服务设施决策、投入、建设、运行管护机制，提高公共服务水平，改善公共服务质量，填补空白和短板，实现农村基本公共服务从有到好、从好奔优。第五，闲置宅基地和农房处置盘活机制。坚持“土地公有制性质不改变、耕地红线不突破、农民利益不受损”的底线，积极探索宅基地“三权分置”，落实宅基地集体所有权，保障宅基地农户资格权和农民房屋财产权，适度放活宅基地和农民房屋使用权，推动宅基地和农房通过转让、互换、赠予、继承、出租、入股、有偿退出、集体收购等方式规范流转，积极利用闲置农房发展乡村旅游、民宿，开展农民住房财产权抵押等方式盘活农村房地资源。第六，新农人、新乡贤、新村民培育机制。以回乡创业创新为联结，以大学生、进城务工人员、种养大户等群体为重点，培养心怀农业、情系农村、视野宽阔、理念先进的“新农人”。以乡情乡愁为纽带，多措并举促进市民下乡、能人回乡和企业兴乡，培育乡村振兴“新乡贤”“新村民”。深入开展新型职业农民培育，选派乡村振兴指导员、乡村振兴驻村工作队，引进、培养具有国际视野的农业科技人才、富有工匠精神的农业技能人才和引领服务群众的农村实干人才，推动各类人才走向乡村、服务“三农”。第七，涉农资金统筹整合机制。建立涉农资金统筹整合长效机制，探索资金统筹集中使用、集中财力办大事的方式方法，形成多渠道引水、一个龙头放水的整合模式。加强涉农资金分配使用与任务清单的衔接匹配，确保资金投入与任务相统一。根据村庄建设规划，在实验村点探索各类涉农资金统一规划布局、统一资金拨付、统一组织实施、统一考核验收，以规划引领到村涉农资金统筹使用和集中投入。第八，发挥农民主体作用的组织动员机制。大力提升农村基层党组织组织力，强化制度建设、政策激励、教育引导，把发动群众、组织群众、服务群众贯穿实验区建设全过程，不断激发和调动农民群众积极性主动性。发挥政府投资的带动作用，通过民办公助、筹资筹劳、以奖代补、以工代赈等形式，引导和支持村集体和农民自主组织实施或参与直接受益的村庄基础设施建设和农村人居环境整治。出台村庄建设项目简易审批办法，规范和缩小招投标适用范围，让农民更多参与并从中获益。

经过近两年的探索与实践，昆明都市驱动型乡村振兴已经初见成效，打造出了万溪梨镇、福安六坊、雁塔花巷、七彩梦乡、康旅石桥、彝青人家等特色乡村振兴品牌，闲置宅基地的盘活利用、乡村 CEO 的引进培育、以工代赈的村庄建设、传统村落的保护和传承、村庄集体经济的培育和壮大等一系列的政策实验都在六个村庄产生了明显的效果。作为实践者和研究者，除了进行这些实践的探索，我和团队更重要的使命是以乡村振兴实验为路径，开展相应的政策总结和乡村发展研究。因此，在推进各项实践框架的同时，我们设计了昆明都市驱动型乡村振兴实验系列研究，该系列研究既包括对当前昆明市现有的乡村振兴实践和乡村发展改革的总结，包括对六个实验村的实验经验的探索和总结，将实验行动和学术研究有效的融合，一直是中国农业大学的特色和亮点，也一直是我和我的团队秉持的研究路径和方法。我希望这一系列研究成果的出版能够为乡村振兴战略的全面推进起到一些作用。

是为序！

李小云

2021年9月10日

前 言

万溪冲，隶属于昆明市呈贡区吴家营街道，是一个“村改居”社区。万溪冲地处呈贡区的东南部，三面环山，东南背靠滇中名山“梁王山”，森林覆盖率高，自然环境优越，几百年来尤以种植的宝珠梨而著名，是昆明市民周末郊游的热门选择，被誉为昆明市的“后花园”。在中国农业大学—昆明市的都市驱动型乡村振兴实验区中，万溪冲是唯一的城郊村，几十年来，缘于宝珠梨这张文化名片和独特的地理位置，已有一定的发展基础。与其他五个村不同，万溪冲不仅具有独特的地理区位优势，与包括 11 所高校的呈贡大学城和呈贡信息产业园为邻，而且还因为具有四百多年种植宝珠梨的历史而在昆明市具有一定的知名度。每当春季 3—4 月梨花盛开时，满山遍野、甚为壮观，梨花园里拍照的人们络绎不绝、流连忘返；每当秋季 9—10 月宝珠梨成熟时，大批的市民欣然前往万溪冲，或采摘、或购买新鲜的宝珠梨和其他水果，畅游万溪。几十年来这已成为昆明市民和万溪冲村民的默认约定。此外，村子里还有几家颇有特色的农家乐餐厅，因具有特色的地方菜而吸引了不少市民周末前往万溪冲。周末一家人驱车不到半小时的时间，从昆明市区到万溪冲，吃一顿农家乐，到梨园里走一走，再到社区街道上农户摆放的摊位上买点儿农户自家熬制的梨膏、酿制的梨醋和地里自产的红豆、绿豆等农产品，已成为万溪冲周末一道独特的风景线。

2019年10月我们团队师生进入万溪冲后，不仅与吴家营街道和万溪冲社区的干部们一起座谈，还对村里的150户家庭进行抽样，开展基线调查。我们了解到，万溪冲现有的发展路径和大多数城郊村一样，表面上人来人往、热热闹闹，但实际上大量游客到村里后所能给村民带来的收益是非常有限的。例如，现有宝珠梨的销售方式仍然以中间商到村里收购和村民自己在村内村外临街摆放的零散摊位销售为主。据村民讲，万溪冲的宝珠梨还没有走出昆明，像新疆库尔勒梨、山东莱阳梨那样被全国人民所知晓。这种以鲜果销售为主的方式，使得农户在宝珠梨市场上的议价权和宝珠梨产业链上所能获得的收益仍处于较为弱势的位置。另外，尽管看起来村内外时常有大量游客来来往往，但多数人都只是非常短暂地停留、消费动能不足，其原因之一就是万溪冲现有的业态还无法满足这些游客的消费需求，因而村民也就无法在现有这种状态下获得更高的收益。

除此之外，万溪冲的闲置房屋较多，无论是社区集体资产还是民房，都存在大量闲置而没有充分利用的状况。万溪冲村民所从事的生计活动多种多样，除了421户在村中从事农业生产外，还有几十户流动到其他县域或者附近从事农业或非农业生产，因而在村内闲置的农房较多，有的农户甚至举家搬迁出村。而由于万溪冲周边高速公路和信息产业园建设等需要，有很多建筑工人或产业园的员工在万溪冲承租社区居民的房屋居住。万溪冲村集体所有的房屋处于空置状态的也有10余处。作为城郊村的万溪冲，在过去几十年的城镇化、工业化大潮的影响下，一方面村庄的生产和生活空间在不断缩小，另一方面又局部呈现房屋资产闲置的状态，无论是村内的居住人员，还是来往于村里的人群在构成上都日益多元、复杂，村民在村里开展的生计活动虽然丰富但仍处于自发和缺乏有效治理的阶段，村民增收途径有限。万溪冲村庄集体经济的发展更多地依赖于地方政府的征地补偿，而缺少其他可持续发展的业态经济，更不用说三产融合。简言之，万溪冲这种人口结构复杂、产业业态单一、农民增收渠道有限的状况，是农村但不完全像农村，像城市而不是城市，实际上这是国内大多数城郊村的一种普遍状态，非常类似于我们常说的“城中村”。

基于对万溪冲发展现状的一个基本判断，万溪冲社区都市驱动型乡村振兴创新实验的主要目标是将万溪冲建设成为与宝珠梨文化相关的集休闲、娱乐、餐饮、购物等功能多位一体的现代乡村小镇——“万溪梨镇”。具体目标是在三年建设期间，将村内400米的一条步行街打造成以“梨文化”为符号的核心示范区，以万溪冲百年宝珠梨文化为基础，将城市动能引入村庄，以闲置资产的盘活和发育新的业态为驱动力，实现收益留村、村集体经济增加和农民增收，坚持乡村振兴和新型城镇化双轮驱动、协调推进，从而探索城乡协力促进乡村振兴的新路径。

经过两年多的探索和实践，万溪冲都市驱动型乡村振兴实验工作按照中央乡村振兴战略的框架设计和打造“万溪梨镇”的实验目标，以宝珠梨文化为基础的乡村建设已经取得了一些成效，成为昆明市的一个特色乡村振兴品牌。万溪冲的实验工作实现了在乡村产业链延伸、增值收益留村，闲置资产盘活增收，生态价值实现、推进生态产业化、产业生态化，注重农民为主体参与乡村建设和乡村振兴，培育和引进乡村振兴人才，以及传承、保护乡土文化等几个方面机制上的探索，并取得了一定成果。

第一，探索乡村内生力、都市驱动力、城乡互动力“三力融合”的乡村振兴机制。万溪冲创新实验成立了果蔬专业合作社，在村庄道路上设计标准式的梨文化旅游商品市场，围绕宝珠梨开发出数百种梨文化小商品；在梨园内部嵌入劳动教育实践基地，中小学生通过劳动教育实践基地的多样化活动学习和传承农耕技艺；通过商业街带动餐饮、咖啡厅、茶室、乡创馆、环梨园自行车道等不同项目。依托商业开发保存宝珠梨农耕文化、滇中“一颗印”建筑、节日仪式、服饰等不同的传统文化形态等，把乡村与城市连为一体，借助城市的动能来激发乡村的动力，并在这一过程中不断孕育乡村内生力。

第二，立足宝珠梨产业优势，延伸产业链，促进产业增值收益留村。实验过程中，万溪冲社区通过鼓励和扶持个体工商户生产梨膏、梨干、梨酒等宝珠梨相关衍生产品，培育宝珠梨深加工产业的领头羊，延伸宝珠梨的产业链，促进产业增值利益留村。2020 年 8 月，万溪冲果蔬专业合作社成立，负责宝珠梨深加工产品的质量安全检测和销售等。商业特色步行街还设有宝珠梨主题邮局、宝珠梨深加工产品、民族传统工艺品、本地特色小吃等业态，多角度发展宝珠梨相关的新业态。

第三，通过集体流转租用后统一对外承租等方式，盘活社区闲置资产。2020 年万溪冲社区对集体房产进行摸排，统计共有长期闲置集体房产 10 栋，其中有 4 栋条件较好可盘活利用，增加集体经济。实验期间，万溪冲完成对 4 栋集体房屋的改造盘活：1 栋由云南艺术学院设计打造成“咖啡十图书馆”的复合业态，即“禾下”咖啡厅，提供游客休憩、娱乐和阅读的公共空间；1 栋打造成“乡村学舍”，作为社区日常会议、考察接待、高校研究团队办公和研讨的学术空间；1 栋改造成为保留滇中“一颗印”传统建筑“三间两耳”结构的特色民宿（人才公寓），供游客和驻村的研究生使用；1 栋新建闲置集体公房租赁给中国邮政，作为中国邮政博物馆对外宣传展示使用。

第四，依托社区优异的生态环境，完善旅游基础设施，打通山上山下通道，推进生态产业化、产业生态化。实验期间，万溪冲充分利用社区的生态环境优势，开发和探索生态资源价值及实现路径。一是在万溪冲后山修建总长为 4 611.54 米的森林防火人行塔道以及观景台 8 处，从而发挥森林防火、健康运动、休闲娱乐、观景游憩等多重作用。二是在原有机耕道路的基础上修缮全长为 9.2 公里的道路，并按照自行车赛道的建设标准铺设 6.72 公里路段的彩色沥青作为自行车道。三是盘活社区闲置集体土地约 65 亩，运用“公司十集体”的模式共同创建和运营校外劳动教育实践基地，通过开展冬夏令营、林下烧烤、周末亲子游、团建拓展及研学旅游等项目，增加集体经济收入。四是采用“8”字空心砖对地面进行铺设的方式建设生态停车场。2021 年 12 月，移栽了一批宝珠梨树至生态停车场，以草皮铺设、宝珠梨绿化的形式建设。

第五，以农民为中心，开展各类活动，充分注重农民在乡村振兴中的参与、发展和主体地位。万溪冲实验工作中，针对农户需求开展了多种教育活动，提升农户参与乡村振兴的综合能力。2021 年 1 月，呈贡区涉农居民创业就业培训中心组织了为期 6 天的云南民族特色小吃培训班，万溪冲社区共有 60 余名村民参与。2021 年采摘节期间，社区开展了“送技上门——‘新时代女性学堂’梨创意食品制作活动”，一些村民将所学技艺用于承租商廊开小吃店，增加了家庭收入。此外，在实验村建设期间，为统一规划社区街道商铺，打造农产品销售一条街，在充分考虑到村民需求的基础上，社区为农户制作了 20 辆“咔嗞车”提供给村民摆摊使用，有效规范了万溪冲社区的水果销售市场。

第六，通过“校地共建”和“公司十集体”等模式，引进乡村振兴需要的各种人才，并搭建平台实现多方聚“才”。万溪冲社区在实验过程中，注重加强乡村人才建设，通过引入外部人才、吸引社区外出人才返乡等方式探索新农人、新乡贤、新村民的培育路径。2020 年 1 月，万溪冲与云南艺术学院签署校地合作框架协议，建立“乡村振兴艺术社区共建基地”，并同时开启乡村 CEO 种子计划，引进 6 名云南艺术学院本科生进入社区，参与“禾下”咖啡厅的日常管理和运营工作。万溪冲通过“校地共建”模式，积极引进高校人才，中国农业大学、云南艺术学院等高校的专家团队、博士和硕士研究生、大学生实践团队等持续进驻万溪冲，为当地乡村振兴提供智力支持。其中，中国农业大学陆继霞和唐丽霞两位老师成为万溪冲的“新村民”。2021 年 6 月，万溪冲通过昆明市“万名人才兴万村”计划，引进知名农村青年致富带头人何永群参与万溪冲乡村振兴服务，并带动一批大学毕业生参与实践教育基地运营和管理，此外还通过社区招聘方式培养 8 名当地老年人作为农耕文化传承人。

第七，以“梨”文化为载体创新展陈方式，将乡村文化记忆载体化，传承与保护万溪冲乡村特色文化。梨文化是万溪冲的宝贵传统遗产，自 2019 年万溪冲开展创新实验以来，便把国家地理标准农产品“呈贡宝珠梨”作为发展的特色和文化根基，围绕传统的宝珠梨农业产业发展，定位将万溪冲社区打造成为与宝珠梨文化相关的创意小镇。在文化特色传承方面，一是建设乡创馆，开展文化宣传。乡创馆以万溪冲“梨文化”为载体，设置万溪冲历史变迁展览、宝珠梨文创产品展示、传统农具展示、村庄宣传片播放等区域，利用影视、图片、模型、实物等，充分展示万溪冲传统农耕文化。二是引入“万溪有礼，万禧猫献梨”这一概念，将呈贡避邪神兽（瓦猫）与宝珠梨结合，将其卡通化、萌化并设计成万溪冲的标识（LOGO）。同时梳理出100种文创产品目录，以万禧猫形象LOGO和宝珠梨相结合的方式开发了50多种宝珠梨系列文创产品，在“梨好邮局”商铺展示和售卖。三是万溪冲与中国邮政联动开发了宝珠梨绘本及宝珠梨表情包，游客通过集合辖区内宝珠梨园及农家乐等地点进行手绘创意及标识，并制作相关文创产品等方式，了解和习得万溪冲的宝珠梨文化。四是打造网红打卡墙。以“校地共建”为契机，云南艺术学院以“艺术介入乡村”的方式，就地取材利用废弃梨树枝和云南当地的方言打造了一面特色的文化墙以吸引众多游客。

本书是对万溪冲过去两年多的实验过程以及实验成果的一个总结。为了让读者对万溪冲社区的全貌、都市驱动型乡村振兴实验的内容及其成效等进行清晰而综合的了解，全书在内容编排上共分为两个部分[①]。第一部分是记忆中的万溪冲，共六章，包括万溪冲社区的自然、地理、社会、经济、人文等概况，农户的生计来源，农户的住房情况，土地利用以及作为万溪冲的重要名片的宝珠梨文化，最后是关于社区内的组织。第二部分是都市驱动型乡村振兴实验的内容，共七章，包括宝珠梨产业链延伸，人才振兴，闲置资产盘活，生态价值实现，组织振兴和艺术进入乡村等内容。全书各章节的内容之间既有一定的逻辑上并列或递进的关系，又分别独立、自成一体。因此，读者既可以通篇阅读从而了解万溪冲社区的“前世今生”、方方面面，也可以结合自身兴趣选择任何一个章节进行选读、快速阅览。

万溪梨镇的乡村振兴实践与本书在收集整理资料和写作过程中，得到了昆明市委和市政府、昆明市委农办、昆明市农业农村局、呈贡区委和区政府、呈贡区农业农村局、呈贡区吴家营街道以

① 全书共十四章，第一部分包括1～6章，第二部分包括7～13章，最后一章为全书的结语。

及万溪冲的村干部和村民的大力支持。尤其是万溪冲的村民在实验过程中的参与、理解和各种投入，对于万溪冲今日之变化至关重要。在本书资料搜集和写作过程中，中国农业大学人文与发展学院的硕士研究生高悦、张凯旋、王明和南京农业大学经济管理学院的博士研究生付翠对于本书资料收集和章节撰写也有重要贡献，在此一并感谢。此研究得到了昆明市农业农村局“都市驱动型乡村振兴创新实验区建设的探索与实践研究项目”、云南省省院省校教育合作项目“乡村振兴背景下推动云南边疆民族地区田园综合体建设模式比较研究”（项目编号为 SYSX202014）、云南省组织部和云南省人力资源和社会保障厅的基层科研工作站、中国农业大学 2115 人才工程，以及云南省李小云专家工作站的资助。如果本书内容上有任何不妥之处，文责作者自负。

著　者

2022 年 8 月 26 日

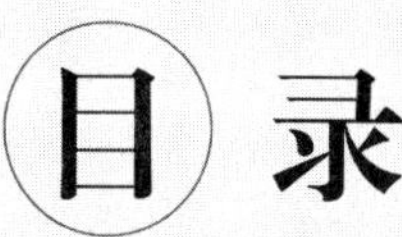

第一部分

记忆中的万溪冲

万溪冲是昆明市的一张名片。万溪冲的山、地、林、水，养育了这里一代又一代的村民，生生不息。宝珠梨作为地理标志产品，是昆明人忘不掉的味道和抹不去的舌尖上的记忆。

第一章 社区概况

世界上大多数国家的城镇化和工业化进程表明，随着城市经济的发展和人口数量的增长，会不断加大对土地的需求，使城市扩张逐步超越建成区而延伸到农村地区，由此形成了一片城乡过渡的交汇区域，即我们常说的城边村、城郊村或《乡村振兴战略规划（2018—2022年）》中所讲的城郊融合类村庄（以下统称为城郊村）。城郊村由于地处城乡之间的特殊地理位置，而通常具有城市和乡村的双重特征。万溪冲社区位于昆明市呈贡区的郊区，是一个典型的城郊村，因此具有那些既不属于城又不属于乡的独特“气质”。站在万溪冲社区的村口驻足远眺，不足1公里的地方便可见高楼建筑群（云南省信息产业园），而转过身又是梨园绕路，尘土扑鼻的农家景色。像万溪冲这种“既城又乡、既不城又不乡”的一类乡村，到底有哪些特点？接下来我们将向读者徐徐展开这幅画卷。

自然地理

昆明，别称春城，是云南省的省会城市，也是云南省政治、经济、金融、文化、科技、教育中心和交通、通讯枢纽，是西南地区的中心城市之一（中共昆明市委政策研究室，2021）。本书的主人公“万溪冲社区”，便是位于昆明市呈贡区郊区的一个“村改居”社区。万溪冲社区位于东经102°80′、北纬24°89′，地处呈贡区的东南部，毗邻呈贡大学城和呈贡信息产业园，东、南面与澄江市相邻，西邻呈贡区马金铺街道的梁家箐村，北与郎家营村接壤。

在昆明一带，村名中有“冲”字的村庄多是临近山脚的村庄。这类村庄往往建设在曾经山洪冲击的洪积扇上。根据村史记载，万溪冲村庄所在地每逢雨季，都会有雨水冲刷土石从山上流淌下来，泥沙填平了凹地，逐渐形成了小平原，村民在上面建设家园，开垦田地，慢慢就发展形成了如今的万溪冲村落。万溪冲社区由东向西地势逐渐降低，但社区内部大部分用地的坡度都在15°以下，较为平坦，房屋鳞次栉比，也颇为规整。

万溪冲社区东南面的山，是有着“九十九桶金，九百九十九桶银”宝藏传说的滇中名山“梁王山”，山脉绵延数十公里，山势雄伟壮丽、气势博大。根据村史记载：“万溪冲的山是从陡关坡和马尿巷起，经脚步哨村大寺背后、沿起灰路至栗树山、架子山，这一段的山有肚脐山、江皮坡，苏沙滩、界碑、长坡、大官众山、小官众山、尖峰山、梭椽子山、四里插、大鸡冠山、小鸡冠山、栗树山、黑权山、架子山等15座山；又有马鞍山、过水奶奶、白酒泡山、客膝头山、唐山、老唐坟、老易松棵、小中山、大中山、半截山、祭天山至五爪山（万溪冲占正岭以北的三爪）等12座山”。万溪冲森林资源丰富，村庄一侧的山上长满古树，郁郁葱葱，环境十分清幽。山上除梨、桃等果树外，还有松、竹等林木，森林覆盖率达72%，是昆明市民周末郊游的热门选择。因此，万溪冲也被誉为昆明市的“后花园”。

社区所在的位置在北亚热带上，低纬度、高海拔、山地季风气候，春秋相连冬季短，没有明显的四季之分。从地图上看，万溪冲社区离滇池不算太远，滇池的丰盈水气能够润泽村庄，也为村庄发展水果、蔬菜和花卉的种植创造了条件。社区所在地雨季、旱季分明，其中小满至立冬为当地雨季，立冬至夏为旱季。社区最低气温－1～2℃，最高气温29℃，全年平均气温16.1℃，气候较为温润，多年平均降水量882.1毫米，年平均日照时间2 217.3小时，无霜期227天，多年平均风速2.7米/秒，多年风向西南风。“四季少寒暑，有雨便成冬；早晚清风凉，中午热烘烘”是当地天气的真实写照。由此，在社区内很难看到空调的身影，晴雨两用的伞倒是家家户户常备之物，尤其是对于村里那些爱美的小姑娘而言，包里装一把伞总能在合适的时间用得到。

图 1-1 万溪冲生态环境与山间野趣

万溪冲社区距离昆明市的行政中心仅为 7 公里。社区三面环山，村前有一条笔直的入村公路，公路连接了社区与呈贡区大学城，若将呈贡区大学城的 11 所大学点线连接，形状恰似一张弓，而万溪冲就在弯弓待射的箭镞位置。这一说法未能得到官方证实，但却得到村民们的认可。这一造型似乎意味着众高校欲将其“力量”汇聚万溪冲这一个点喷发而出。当然这种图像很大程度上是我们浪漫化处理的联想，但不可否认这也正是万溪冲人一直所期盼的，希望能够借助大学城的力量，引入高校资源，实现村庄的腾飞。

作为一个城郊村，万溪冲的进出交通极为便利。村内主干道为柏油马路，有公交车直达昆明市区，公交车每半小时一班，村头村尾能直接上车，十几分钟后便已到达交通枢纽——大学城地铁站，对无车的村民、游客而言这是极为友好的（图 1-1）。如若有辆私家车，进出村庄则更为便利，从万溪冲开车前往昆明市区全程约 10.5 公里，仅需 21 分钟左右，去新修建的昆明南站距离 7 公里，仅需大约 15 分钟，去昆明长水国际机场 40 公里，时长约为 1 小时。村民前往陆良、嵩明租地种菜来回也都有高速公路，能够一路畅行。

随着近几年昆明城市的不断扩张，社区实际的土地面积呈现逐年缩小的趋势（第四章将对此进行论述）。目前，社区村域土地面积为 14 926 亩*。其中：村庄面积 365.8 亩，占 2.46%；果园（耕地）4 647 亩，占

* 1 亩=1/15 公顷。

31.13%；林地 9 746.8 亩，占 65.30%；其他用地 166.4 亩，占 1.11%；村庄内没有水田。社区山上、山下的功能划分较为明确，以宝珠梨为代表的农作物主要种植在山上，山下则是村民的居住区。2020 年，社区修建了一条 9.2 公里的机耕道路，同时作为自行车道使用，若能在 3—4 月沿路上山，则能看到梨花漫天，若 9—10 月上山，则是梨果飘香。如果漫步上山，人们可以远离山下的喧嚣，充分享受头顶的蓝天、树上的鸟鸣和路边的野花所带来的奇妙感受而流连忘返，若天气晴朗，站在山顶的观景平台还可眺望滇池，感受有着“高原明珠”之称的昆明湖的宏伟壮阔。

历史沿革

万溪冲社区下辖一个自然村“万溪冲村”。根据村中老人的叙述，万溪冲的地名称谓至今已有超过 300 年的历史。据《呈贡县志》记载，清朝雍正三年（1725）就已经有了万溪冲村的存在。在村史材料中，万溪冲最早可追溯至明末清初年间（约 1628—1636 年），当时呈贡县（如今的呈贡区）小营村一户姓肖的人家最先搬来万溪冲现址安家，落脚不久后来自郎家营村小泉凹和郎家营大村的两户村民也迁来此地。此后，又有杨氏兄弟二人迁来安家落户，此地逐渐发展成为一个小的村落聚集地。肖、唐、杨三姓氏族先辈，迁移至此后白手起家，开荒种地，起早贪黑地劳动，数十年之功将山脚荒地变成了良田美地。此后，万溪冲人在这片土地上繁衍生息，形成了初具规模的“万溪冲村”。

据记载，最早万溪冲村并不是用的现在这个名字。当时，村民因村内遍布红土岩而给村庄起名为“红岩村”。后来，因当时村民住的是草房，稍有不慎便容易引发火灾，在多次因火灾财产被毁后，村民便开始想办法找原因。有人提出可能村庄有“风水”问题，请当地民间术士到村中查看后找到了“病因”：“你们的住房向着南方，南方主火，本是好意，象征着红红火火、欣欣向荣。但是，你们的南方对歌山是红土岩，两个红加在一起就不吉利了，所以就易引发火灾，必须要以水克火，把山上流下来的水围堵到对歌山红岩下流淌。”当时村子东边的山上山下特别是山脚地带有许多老破箐，每逢下雨，万股溪流从山上流淌下来，冲下的泥沙填平了凹地，被开垦为田地种植庄稼。万股溪流不仅冲下泥沙地被开垦为良田，还冲走了火魔，为大家带来了幸福生活，于是，当时的村民就产生了灵感，将村名改为“万溪冲”。

万溪冲人是勤劳的，发奋图强的同时，万溪冲人不乏反抗精神。在村庄初具规模时，万溪冲常常受到附近一些大村的欺压。村史记载，江尾、可乐、古城要每月“帮贴上半门保证金 250 文”；大鱼村、太平关、大小河口、松花堡、小新村要每月“帮贴下半门保证金 250 文”。于是村内有儒学生员状告至县官处获批减为每月 100 文，极大地缓解了村庄的经济压力。当时，平民百姓敢于上告至县官实属是一种勇敢行为。在民国时期，万溪冲村遭受土匪作乱，烧杀抢掳，损失惨重。万溪冲村人总结经验教训，加强防范，团结一心，前往围剿，护卫了一方平安。但由于当时的历史环境，社会生产方式落后，生产力较为低下，万溪冲村也像其他村庄一样面临着一波又一波的饥荒、疫病、匪患、兽灾，社会发展较为缓慢。1949 年新中国成立时，全村实际只有 99 户、450 人。

1950 年云南解放以后，在中国共产党的领导下，农村经历了土地改革，实现了耕者有其田。在此以后，村内开展了互助合作，建立互助组、初级合作社、高级合作社，并于 1958 年进入人民公社，万溪冲村合并当地其他两个村组成了“郎缪乡”。1961 年 4 月建立万溪冲生产大队，同时建立万溪冲村党支部，在村党支部的领导下，全村人民团结一心为发展生产而奋斗。在这一时期，农村建设有了发展，兴修水利，粮食得到增产；接通电力，解决了村庄的生活用电问题，百姓生活有了奔头。

1978 年党的十一届三中全会后，实行家庭联产承包责任制，村里的土地分到了各家各户，极大地调动了群众的生产积极性，村民不仅精耕细作，还自发开荒栽种果树，学习科学种植技术，村民的经济收入大幅增加，如今万溪冲漫山遍野的果树大多也都是在那个年代栽种的。同时在这一时期，村庄积极发展乡镇企业，村民手上有了钱，村集体经济也有了钱，农村基础设施建设不断加强，电气化有序推进，村容村貌和生产生活都发生了翻天覆地的变化。《云南日报》在 1994 年 11 月 4 日的头版头条上用“若要富 跟支部”为题作了报导，万溪冲在当地逐渐开始小有名气，是先进村庄的代表。万溪冲的村党支部在1998年还曾被组织部授予“全国农村基层组织工作先进党支部”的称号。

2011年，万溪冲村按照呈贡区规划由传统农村社区转变成为“村改居”社区。作为城市化进程中“过渡型”的产物，“村改居”社区不论从管理体制，还是居民身份，都已经纳入了城市街道的统一管理之中（顾永红等，2014）。但是万溪冲社区有着非常好的农业发展基础，尤其是村庄种植的宝珠梨是呈贡区乃至昆明市的特色水果，在这一年“万溪冲宝珠梨”获农业部地理标识农产品，村民欢欣鼓舞，准备继续扩大种植面积，出于上述考虑当地政府并未将万溪冲村如同周边几个村庄一样拆迁上楼，而是将其列为“涉农社区”予以保留。

党的十八大以来，万溪冲社区所固有的区位优势和优美的自然环境，成为省、市、区在社会主义新农村建设中着力打造的重点村落。2013年，万溪冲被列为区级幸福乡村建设示范村，2014年、2015年再度被列为市级美丽乡村建设示范村，2016年又被列为省级美丽宜居乡村建设重点村。相继投入美丽乡村建设资金7 000余万元，其中上级补助2 200余万元，居民自筹4 000余万元，建成了“宝珠梨博物馆”、居民养老服务中心、文体活动中心、休闲小广场、村内硬化道路、公厕、垃圾房、村庄绿化美化亮化、幼儿园等36个项目。新建和改造了360余户民房，融入昆明“一颗印”风格，统一外立面，村容村貌焕然一新。在各级政府和社区集体经济的投入下，社区各项事业全面进步。曾经的小山村变为了远近闻名的富强村。

但与此同时，万溪冲在发展中也逐渐暴露出许多问题：一是由于缺少整体规划和设计而使其产业特色发展优势未能凸显。二是社区内从基础设施建设到旅游项目资源产业链的深度开发都缺少顶层的整体设计，几十年来都是处于自发和松散的管理与服务状态。具体来说，问题包括：基础设施不健全，有待完善；社区集体经济发展缓慢、村内失地农民增收途径有限；社区管理能力有待提升；存在大量闲置资产亟待盘活，等等。

社会经济

图 1-2　万溪冲丰收的宝珠梨

在经济发展方面，云南解放之前的万溪冲十分贫穷，土地缺水，靠天吃饭，人均粮食产量很低，无法满足人们的温饱需求。云南解放后万溪冲村开展了土地改革，粮食生产有了一定的发展。20 世纪 60 年代，在村党支部的领导下，万溪冲人民兴修水利，把松茂水库的水引到了万溪冲村，使五百余亩“雷响田”变成了“保水田”，平均亩产提高到 200～300 千克，粮食产量大增。党的十一届三中全会后，实行联产承包责任制，万溪冲村里的土地分给了各家各户，极大地调动了群众生产积极性，促进粮食产量快速增长，村民自发开荒栽种果树，栽种蔬菜，收入有了明显的提高，1987 年前全村各种果树约有 28 000 株（图 1-2）。由于栽种水稻水电费成本高，产出较低，1989 年万溪冲人大胆提出走“水改旱”的路子，当年的夏种将水稻田改成了更为抗旱的玉米，并取得了丰收，产量由原来每亩 200～300 千克提高到每亩 500～800 千克。在这一时期，果树种植也有了相当大的发展，1987—1992 年间种植果树 28 000 株，果树数量翻了一番。而后，村民发现种植玉米的产量也远远不能满足生存的需要。于是，万溪冲村又进行种植结构调整，把原来种粮食的田地都改为果地和蔬菜地。2000 年全村约有果树 60 000 株，当时村里请来果蔬种植技术员到村授课，万溪冲人掌握了这门技术后，果蔬产量大幅提高，当年村庄的水果年产量达到1 600 吨。至此，万溪冲村才开始真正从温饱走向小康。

此后，种植果树、种植蔬菜成为万溪冲村人的主要收入来源。2008 年以后，随着征地的开始，村庄可经营面积逐渐缩小，于是一批万溪冲人勇于走出村庄，去陆良县、嵩明县、寻甸回族彝族自治县等地寻找土地价格较低的农村租地种植蔬菜，并赚到了远比在村庄里劳作更多的财富。“外出租地能赚到钱”激发了万溪冲村民“走出去”的热情，村民间相互帮衬，很快就在昆明市的周边县（区）农村扎下根，如今万溪冲社区共有超过260户村民在外地租地种菜，占全村总户数的50%以上。同时，外出租地的农户中大部分仍没有放弃村里的果园。截至2021年10月，社区内仍有421户从社区承包了果园、耕地，并主要种植宝珠梨、黄梨、金花梨、海东梨、水蜜桃等水果。其中又有部分农户在果园内栽种了白菜、刀豆、茄子等蔬菜和苞谷、黄豆等杂粮。万溪冲社区年产水果1.86万吨，外出租地264亩，外出打工人员大概200～300人，人均年收入23 298元。此外，自2010年起呈贡区实行全面畜禽禁养，社区内无规模化养殖的情况。

在集体经济方面，村庄于2012年成立了一家集体公司，主要经营土方工程、园艺绿化等，2015年和2016年通过承接呈贡信息产业园建设的短期工程取得了较好的经济效益，每年有700多万收入。万溪冲的集体公司随着信息产业园的动工而崛起，也随着产业园建设结束而走向低迷。由于其自身发展能力有限，2017年开始出现明显的经济效益下滑态势。2020年社区成立了果蔬专业合作社，为社区内宝珠梨等水果提供社会化服务，集体经济略有回转。截至2021年9月，社区拥有固定资产1 794.8万元，经营性资产244.2万元，村集体经济收入288.2万元。

在基础设施方面，改革开放以后尤其是党的十八大以来，万溪冲社区的基础设施建设不断加强。万溪冲社区深入贯彻实施耕地质量保护与提升工程，高标准农田建设面积为5.73亩，社区内其他土地生产条件相较于过去也有了较大的改善。自2013年起，万溪冲社区连续几年被列为省级美丽宜居乡村建设重点村和市级幸福美丽乡村建设示范村，相继投入建设资金6 000多万元，修建村内道路、灯光照明、公厕、小游园、垃圾收集处理、污水排放等公共配套设施，着力改善村庄设施条件，美化村庄环境，修复山体植被，万溪冲社区的整体面貌得到进一步改善。2020年万溪冲的村民用上了来自城市管网的天然气，社区内部基本已全部完成道路硬化，农户家家门前都是水泥路，村庄里“晴天满鞋土，雨天一脚泥”的时代已经成为过去。2021年万溪冲的自来水接入市政管网系统，村民饮用上了经过净化处理的自来水，村民再也不用担心因不下雨水库干涸带来的用水困难。党的十八大以来，各地牢固树立“绿水青山就是金山银山”的理念，积极推进美丽宜居乡村建设，村容村貌日益干净整洁。目前万溪冲社区实施垃圾定时定点收集处理，社区内设有环境卫生保洁人员 12 人，公厕保洁员 4 人，道路清扫人员 7 人，垃圾清运人员 2 人，配备垃圾收集车 3 辆，垃圾收集桶 80 只、果皮箱 60 只。

在乡村公共服务方面，民国之前万溪冲未曾有过学校。民国时期才在村里的回龙寺办起了夜学，但一直到云南解放前夕村里也仅有初中文化 3 人和在校生 4 人。云南解放后，万溪冲的教育事业得到了迅猛发展，1959 到 1960 年仅一年时间，村里学生人数就发展到了 80 人，到 1975 年时，村里学生人数已发展到 250 人，教师 8 人。改革开放以来，国家把教育放在优先发展的战略地位，逐步将农村义务教育全面纳入公共财政保障范围，农村义务教育阶段免交学杂费、免费提供教科书，2000 年时万溪冲的适龄儿童都得到了很好的教育，全村入学率达到了 100%。党的十八大以后，万溪冲村高度重视教育事业，在村委会建设了村庄图书馆，供村民学习，并专门腾出一间办公室做“四点半课堂”使用，邀请附近大学城的学生，每天下午 4 点半到村辅导学生学习，颇受村民的欢迎。医疗服务上，云南解放前的万溪冲村缺医少药，没有医疗设施，也没有医护人员，治病靠求神祷告，熬过去的能活，熬不过去的也没有其他办法。据村史中记载，云南解放前的村里流行着一句顺口溜：“只见娘怀胎，少见儿上街”，不少人家生了七八个，能活到长大成人的只有一两个。云南解放后，万溪冲村里有一人选派去县医院培训成了“赤脚医生”，在自己家为村民看病。2006 年，村里出钱，建起了宽敞明亮的卫生室，建筑面积 300 平方米，能为更多村民服务。改革开放以来，不断加强农村医疗卫生服务体系建设，以县级医院为龙头、乡镇卫生院为枢纽、村卫生室为基础的农村医疗卫生服务网络加快形成，万溪冲的医疗卫生状况大为改观。

人口状况

2020 年，在全国进行第七次人口普查之际，万溪冲社区对村庄内的家庭和人口进行了全面摸排，并在这个基础上进行了数据的记录与跟踪。据村干部介绍，2020 年末，村内有 502 户，村户籍总人口 2 024 人，其中：非农业人口 12 人，农业人口 2 012 人；村里在外务工、租地的有 270 户；流动人口 1 226 人。万溪冲社区的人口出生率为 1.95%，死亡率为 0.51%，自然增长率 1.44%。相较于第六次人口普查时的数据，10 年间万溪冲社区平均每年增加 31.4 人。白族、彝族、哈尼族、蒙古族、仡佬族等少数民族人口共 19 人，占全村总人口 0.94%，其余为汉族。截至 2018 年末，万溪冲村 60 周岁以上老人有260 人，其中 60～69 岁的老年人有 145 人，70～79 岁的老年人 77 人，80～89岁的老年人 31 人，90～99 岁的老年人 7 人。

总体来说，万溪冲是以农业人口为主的汉族社区，人口数量的变化以及高龄老人的数量反映出了社区居民安居乐业、人丁兴旺，这一点从万溪冲家庭规模的数据可窥见一斑。根据历次全国人口普查数据中关于平均家庭户规模的统计数据可知，自 1982 年第三次人口普查开始到 2020 年第七次人口普查期间，全国平均家庭户规模是逐渐缩小的。第七次全国人口普查数据显示，2020 年全国平均家庭户规模是 2.62 人/户（表 1-1）。而从万溪冲社区的第七次人口普查数据来看，社区平均每个家庭户的人口为 4.14 人/户，是全国平均家庭户规模的 1.58 倍。

表 1-1　全国人口普查历次平均家庭户规模

单位：人/户

普查年份	1953	1964	1982	1990	2000	2010	2020
平均家庭户规模	4.33	4.43	4.41	3.96	3.44	3.10	2.62

资料来源：国家统计局。

家庭结构的分类，是建立在不同代际家庭成员的血缘和婚姻关系明确的基础之上的分类方式。王跃生（2006）认为，家庭结构可分为核心家庭、直系家庭、复合家庭、单人家庭、残缺家庭及其他。现实生活中，绝大多数家庭的成员关系比较简单，所构成的是夫妇及其子女组成的核心家庭。稍微复杂的是夫妇和一个已婚儿女（包括儿媳或女婿）及其孙子女、外孙子女构成的直系家庭。通过历次全国人口普查数据和我们曾调研的其他地域的情况来看，核心家庭是当前大多数家庭结构的常见类型。子女结婚后分家，子女在外工作后户口迁出在许多人看来十分稀松平常。但万溪冲的“户”规模更大，较为少见的直系家庭在万溪冲村庄内比比皆是。这是为什么呢？

我们在村中与村民“吹牛”[①]过程中得知，周边社区的村民户口是较为“正常的”，夫妇及其子女组成的三口之家、四口之家是社区最为常见的。万溪冲过去也是如此，子女成家后往往便分出户口，另立新户。但近十年尤其是近五年来，社区出现的新情况影响了社区居民的家庭结构，甚至是社区的人口状况，那就是“征地”。关于征地我们在后边的章节还会进行着重的分析，在此我们仅就征地是如何影响村庄的人口和家庭结构的问题进行阐述。

作为一个城郊村，万溪冲自2007年第一次征地至今，已经历24次大大小小不同规模的征地。根据《土地管理法实施条例》第26条规定，土地补偿费归农村集体经济组织所有。社区经过民主决议，征地款发放给经过集体经济组织成员资格认定的成员，一般来说就是拥有本社区户口的成员。十余年间，社区共发放征地款超过5.3亿元，社区人均分配金额40万元。这也就意味着，如果一位村民在2007年之前就已拥有了万溪冲户口，且一直没有因工作、婚姻等原因迁出，到2021年该村民家庭的账户上就可以获得征地补偿款累计40万元。40万元对一个以农为业的家庭而言是什么概念，村民在闲聊中给了答案：是更优渥的生活，是盖3～4层的小别墅，是外出租地的资本，也是未来生活的保障。村里新娶进一人则多了一个能分钱的，闺女嫁出去则少了一个分钱的，这对于社区村民来说不难计算。于是，万溪冲的“上门女婿”就多了起来，姑娘嫁出去但是户口还在家里，女婿户口也迁进来，外孙、外孙女等和家庭有关系的人，统统都选择将户口落在万溪冲村里。

根据2020年6月我们在村里做基线调研的数据显示，万溪冲家庭人口规模最高的是一户家中有8人，在我们抽样进行问卷发放的153户中有5户家中有8人（图1-2）。

---

① 本地话，大致意思为“闲聊”。

表 1－2　万溪冲基线调研人口/户数

人口数	户数	占比（%）
8	5	3.27
7	7	4.58
6	35	22.88
5	411	26.80
4	39	25.49
3	14	9.15
2	7	4.58
1	3	3.27

资料来源：根据 2020 年调研数据统计。

闲聊中有村民透露，村上有人花了 40 多万想获得一个社区的户口，“我们村里面有居民公约，你结婚三个月内必须把女（男）方那边的户口迁进来落户，过了这个期限要想再落进来就要交 48 万。这个是按地价来的，原来是十多万，但是地价一直涨。最开始我们刚征地的时候是 10.8 万，现在已经涨到 22 万，按这个百分比来算，还是以前便宜。去年又涨了，现在要 50.5 万元才行。”可见，村里的征地事件极大地影响了万溪冲村的户籍人口数量和家庭结构的类型。

风俗文化

万溪冲社区是汉族社区，其饮食习惯、建筑风格、婚丧嫁娶等风俗文化与其他地域的汉族没有根本性的差异，但有着独特的地域性特色。

在饮食方面，豌豆粉是当地一种地域性美食，承载着当地的饮食文化。豌豆粉是昆明市传统的汉族小吃，也是云南人十分喜爱的杂粮制品，其质地细腻滑嫩，色泽姜黄，具有补中益气，解毒利尿的功效。尽管万溪冲并非豌豆粉的最初发源地，但村里许多地道的豌豆粉摊子仍吸引了大量老昆明人的驻足。万溪冲人做豌豆粉的手艺是祖传的，每逢村里的“梨花节”“采摘节”等人流量大的活动，许多村民会整出几张大伞，搬着桌子走出家门，配齐材料，架好案板，一个简易的街边小摊也就完成了。万溪冲的豌豆粉制作延续了传统的做法：首先将豌豆洗净，磨成细粉；再将豌豆粉浸泡，浸泡充足后用纱布过滤，去掉豌豆粉里的渣滓；过滤之后将豌豆粉捣成浆，放置一段时间，让它凝固成形。其中，过滤是最为关键的一步，过滤不到位，渣滓残留，吃起来口感欠佳；过滤到位，豌豆粉则形似果冻，极富弹性，软糯好吃。村里人讲，吃豌豆粉没有那么多讲究，完全看个人喜好，喜欢凉吃那就凉拌着吃，不喜欢凉吃就炒来吃，但不管怎样味道总归是好吃的。在村里路边的杂食摊上，豌豆粉通常是凉拌来吃，先将其细细切成条，放入碗中加各种佐料，有村民秘制的酱汁、花生碎、芝麻、辣椒油、香菜等，端上来满满一大碗。吃起来口感和凉粉类似，本身没有什么味道，拌上调料汁儿，搅拌均匀，甜味儿辣味儿就都有了，冰冰凉凉，入口即化，尤其适合夏天食用。

豌豆粉对于许多万溪冲人来说不单单是一道简单吃食，也是一种谋生手段。一位唐姓村民说，自己在村里摆摊卖豌豆粉算是最早的几个，每年梨花节与采摘节都会和自家堂嫂一起在村子里合伙搭一个豌豆粉小摊，两三个星期也能赚个几千块。而类似于她这样的村民还有很多，许多老人无法下地干农活，一年到头就指望梨花节、采摘节期间通过卖豌豆粉能给家里添上一笔收入，拿这个钱给小孙儿买点零嘴，给自己买点针头线脑，也希望借此能给儿孙减轻点负担。

在建筑方面，“一颗印”的房屋建筑在后文还会详细论述，在此先不展开。这里我们要说的是昆明地区的一个与建筑相关的风俗，即在房子上放置的镇宅兽——瓦猫。百年前的云南昆明，许多人家的屋脊上都盘踞着一座外形似虎又似猫的镇宅神兽——瓦猫。瓦猫是昆明的民俗老物件，也是呈贡的非物质文化遗产，在民间流传着各种耳熟能详的称呼，譬如“发财猫”“石猫猫”“吞口”“四不像”等。因地区不同，瓦猫形象大小亦大有区别，呈贡地区的瓦猫一般龇牙咧嘴，面目狰狞，头圆耳长，虎视前方，双脚扶抱八卦太极图，其形态威严又不失天真（图 1－3）。

图 1－3　瓦猫形象

古代有“神荼郁垒执鬼以饲虎”

的传说，“故俗画虎于门，冀以卫凶。”因此，云南民间流传瓦猫的真身，是我国自古敬奉的门神手里牵着的“食鬼之虎”，取虎凶猛无畏之意，于隋唐时期被“请”上屋顶，从此它便守家护院，渐渐变成猫的模样。

据村里老人讲，瓦猫有镇宅、辟邪、吸财、防火等寓意，传说张大的嘴巴便能吸八方之灵气，驱妖招财。过去烧制瓦猫必须“请”才制作，定价不能随意，必须以“六”为尾数，取“六畜兴旺、福禄寿喜”之意。现在村里有的瓦猫都是从附近的农贸市场“请”来的，“请”瓦猫时要恭恭敬敬地用红布包好放到背篓里再背回家，其间不能打开，选好吉日再举行“开光”典礼。而且，“开光”时要杀一只鸡，将鸡血淋在瓦猫头上赋予其灵性，经过一番隆重的仪式之后才可上房。如今，村里仍有一些老人恪守传统，如果自家大门正对马路或别人家的房屋拐角，就请一瓦猫放置在屋脊上，以避免被对方“戗”着，影响自家财运（图 1－4）。

图 1－4　村民围观从老房子上取下瓦猫

瓦猫在民间还有很多传说，据说昆明大普吉桃园村红石崖水库建成后，大坝时常漏水，无论如何修补都无济于事，后来得知每到月夜，大坝对面树林里有 7 只母野猪总会带着 7 只小猪破坏大坝。为了对付这种神秘的野猪，当地居民就在大坝边上立了一个足有一米多高的巨型“石猫猫”，将“石猫猫”面部朝向对面的树林，从此之后，大坝便不再漏水了。

当今，随着万溪冲村庄新式建筑的拔起和人居环境改善的项目建设，瓦猫也随着老房子的拆除逐渐淡出了人们的视线，以其独具特色的神秘感融入民间烟火之中。

第二章

农户生计

生计，是人们用于谋生的能力、资产以及活动。根据农户拥有的资源禀赋不同，即农户生计资本（人力资本、自然资本、物质资本、金融资本和社会资本）不同，其生计方式和家庭主要收入来源也有所不同。具体而言，农户的生计方式主要有传统农业型、专业农业型、农业兼业型、非农兼业型和非农型五种。其中，传统农业型生计模式的家庭收入主要来源于经营性收入，专业农业型生计模式的家庭收入主要来源于经营性收入，非农型生计模式下的家庭收入主要来源于工资性收入，而非农兼业型及农业兼业型生计模式下的家庭收入来源较为广泛，有工资性收入、经营性收入和转移性收入等。《2021 年中国统计年鉴》的数据显示，2020 年全国农村居民人均可支配收入为 17 131.5 元，其中工资性收入、经营性收入、财产性收入和转移性收入分别占可支配收入的 40.7%、35.5%、2.4%和 21.4%；云南省的农村居民人均可支配收入为 12 841.9 元，其中工资性收入、经营性收入、财产性收入和转移性收入分别占可支配收入的 31%、50.8%、1.5%和 16.7%。可见，当前云南省农户生计主要还是以农业经营为主。

收入结构

万溪冲社区由一个村庄 8 个村民小组构成。2019 年的基线调查中，我们根据社区提供的各村民小组名单，通过分群随机抽样法，在每个小组抽取小组户总数的 30%，最终获得了 153 个家庭样本。有效样本数据户中男女比例为355∶350，接近1∶1。通过对这些样本数据分析的结果表明，万溪冲村农户的收入来源主要分为非农活动收入、农作活动收入以及一些其他的活动收入。在153户样本内，家庭年收入从11.3万～663.4万元不等。接下来的内容是从这三个方面分别对农户的收入来源进行描述。

一是非农活动收入。万溪冲的农户非农收入部分主要包括小卖部、餐饮、外出务工、鲜花加工、梨产品加工以及村里的保洁、保安等。在万溪冲经营小卖部，每月可获得大约2 000元的收入，全年经营的收入约为2.4万元。如前所述，万溪冲凭借宝珠梨的名气，每年3月通过举办“梨花节”吸引众多游客前来游玩，这时农闲的人们就会摆摊从事一些商业活动。之前提到唐姓村民每年的“梨花节”和“采摘节”，都会与堂嫂搭摊子卖豌豆粉等小吃，一年能够经营1个半月左右，营业额约为1万元，这也是村内妇女的一项重要收入来源。在外出务工方面，以成年人群体为主，男性主要是开货车、搞建筑、当保安等，每个月收入大约在5 000～7 000元不等。女性则是在农闲或者孩子的寒暑假期间做临时家政、保洁等工作，时间一般不固定，每年大约能工作3～4个月，每天工资大约在60～80元之间。当然也有在城市全职非农就业的，例如大学宿管阿姨、加油站工作人员，这些工作每月收入大约有2 400元，年收入为2.88万元左右。在梨加工方面，通常万溪冲的村民都会在自家制作梨膏、梨醋、梨干、泡梨等产品，多种多样。这些产品一般使用卖相不佳的梨作为原材料，而且更多的村民制作梨膏是为了自家食用，只有少数会拿到村庄的街道上进行零售，通常每户每年仅能收入几百元。

二是农事活动收入。万溪冲的农业部分主要包括梨树种植、桃树种植、蔬菜种植以及养殖业等。虽然，万溪冲被称为宝珠梨之乡，但其梨园中事实上还有金花梨、黄梨、海冬梨、小水梨、拐枣梨等30多个品种。各种各样的梨和桃子也是万溪冲主要农事活动的收入来源。万溪冲农户种植的宝珠梨面积在4～6亩的居多，也有少量种植面积在17～18亩的种植大户。每亩地能够种植10～20棵梨树，具体当然还要根据地形、土地区位、光照和水源等来决定，每亩地的平均产量为200～300千克。一年下来，每户能收获800～1 500千克的梨，在行情较好的年份，优质梨可以卖到 8～10 元/千克，品相不好的价格在 1～4 元/千克。总的来说，每户每年在梨的种植方面大约有 7 500～20 000 元的收入，一些种植大户可以达到 5 万元以上的收入。除了种梨，万溪冲的很多农户也会种桃树、苞谷等，桃树以及苞谷的种植主要是和梨树进行套种，株行平均 3～4 米，间栽桃树，桃树每亩地大约能产 100～150 千克，每千克的价格在5～15元左右，种植大户的收入在 6 万元以上。除了上述果树种植，大棚蔬菜种植也是万溪冲村农户在农业收入方面的主要来源，村里大部分农户在将自家土地流转给村集体后，到云南省的其他地方再流转土地进行大棚蔬菜的种植。以万溪冲社区一户村民的租地活动为例，他家共有 23 个大棚，2022 年 2 月大棚内种植的青花菜（西蓝花）刚下种时便有收菜的老板到地里预订了这批菜，双方约定以单棵 1.5 元的价格收购全部 5.7 万棵西蓝花，并给付了菜款。据该村民介绍，一棵菜的成本在 0.5～0.6 元之间，如果这批蔬菜在种植过程中没有遭遇不可抗力因素，最终将有5.13 万～5.7万元的收入。而在当地种植蔬菜大棚一年可以种植 7 茬，那就意味着，最终每年的收益可达 30 万～40 万元。像这个农户的租地规模在全村只是中等偏下的水平，万溪冲在外租地最多的农户有 100 亩以上的，收入则要更高一些。

关于养殖业，万溪冲社区由于政策限制，村民没有在本村从事养殖产业。样本中仅有一户在其他县市从事养殖，2020 年该农户共养殖 100 头猪，卖出 20～30 头，全年养殖收入大约在 50 000 元左右。

三是其他收入。除了农业生产的收入外，万溪冲农户的其他收入来源还包括农用地流转、宅基地流转、房屋出租、工资性收入、借贷、征地分红等，其中征地赔偿款是村民收入的一个重要组成部分，仅 2019 年的补偿金额就达到 10.8 万元/人。随着万溪冲村旅游业的发展，房屋出租也渐渐成为农户的收入来源之一，以每平方米 200 元的平均出租价格为例，村民在这方面的收入就有 6 000～30 000 元不等。而在工资性收入方面，依照不同家庭的不同工作，收入也有很大的差异，如在事业单位工作的人，每月收入在 3 000～5 000 元，此外还有一些福利性收入。社区干部则有较固定的工资性收入，每月在 2 000～4 000 元不等。村里一些身体状况良好而家庭条件一般的老人，在村委会的安排下负责照看社区公共绿地、集体所属梨园等工作，每月工资为 1 000 元。

综上，万溪冲村农户的生计多元，收入来源主要由非农活动收入、农作活动收入以及其他一些活动的收入构成。近年来较为可观的一笔收入便是村里的征地赔偿款，宝珠梨果树种植和房屋出租是万溪冲村的特色收入，外出租地种大棚蔬菜也是万溪冲村民收入的一个重要来源。

农事活动

在说万溪冲的农事活动之前还是有必要再对万溪冲气候与农业生产的关系进行一个概括性的描述，或许可以有助于读者理解万溪冲村民所从事的一些农事活动。农作物的生长需要遵循农时，同时也受气候的限制。前文已经提到，万溪冲在北亚热带上，低纬度、高海拔、山地季风气候。这种气候适宜多种作物的生长，调研发现，社区内各类植物种类丰富，既有认知中常见的南方大叶植物，也有在北方寒冷区域常见的针叶类植物。水稻、玉米、小麦、荞麦、马铃薯及各种豆类等粮食作物，梨、桃、柿子以及辣椒、番茄等经济作物在当地农业生产过程中都有过或长或短的种植历史记载。

当前在万溪冲，文献中所记载的很多作物品种都已经消失了，最常见的则是如宝珠梨、酸黄梨、甜黄梨、雪梨等梨类果树。其余作物的生产规模都较小，而且大多数是套种在果园中，如桃子、玉米（苞谷）、豆类、蔬菜等。当然，“能种植什么”和“要种植什么”并不必然画上等号，两者之间除了气候因素，也要考虑经济收益和当地饮食习惯，等等。但气候条件尤其是降水对作物的生长是具有制约性的，对万溪冲农户而言，“水”是影响农事活动的关键变量。

根据当地测算，万溪冲所在地多年平均降水量为 882.1 毫米，在地理学上可划归为湿润地区，按理来讲并不会对农业生产造成如此大的影响。并且，万溪冲有两座修建于人民公社时期的小型水库（鹿子箐水库、马鞍山水库），两座水库的水面面积为 241.50 亩，水利工程的修建曾经使得当时的粮食产量大增，“结束了数百年来未根本解决的吃粮困难”。但目前，万溪冲却面临着缺水的问题，尤其是农业灌溉用水。

2021年自来水管道接入市政管网以前，万溪冲村民的生产与生活用水一直都来自山上依靠雨季蓄水的两座小型水库，但由于近年降水量偏少，且与修建水库时相比无论是村民数量还是用水量都出现骤增，水库仅能勉强满足全村居民生活所需，而生产用水远远得不到满足。2020年6月，水库中水位已经接近水库底部，至10月份雨季结束时，情况也未见任何好转，水库所存水量严重不足（图2-1）。

图2-1　万溪冲鹿子箐水库（左：拍摄于2020年6月；右：拍摄于2021年6月）

事实上，万溪冲所在地各月的降水量分布不均，根据统计，万溪冲6—8月降雨量接近其他月份总和的1.43倍。但是农业生产用水并不集中在这几个月份，作物在其他月份的生长同样需要大量的水分。为此，万溪冲农户需要采取更为复杂的系统策略来保障作物生长所需水量的供应，常见的办法有两个：一是在果园或田地边挖简易蓄水池，用当地人的话说就是挖个“坑”。坑的规格不大，一般是4米×3米×2米左右。多数农户会在坑中铺设塑料薄膜以减少水的渗漏，这样的话，一次性投资，可以使用多年，在万溪冲山上的果园菜地里这种“坑”十分常见（图2-2）。二是运水上山，村民用农用车将山下的水通过塑料桶运往山上，然后浇灌农作物，这一做法较为费时费力，只有在作物极度缺水或需要喷洒农药的情况下才会使用。由于水源供应数量的限制，万溪冲社区没有农户大面积种植粮食作物（图2-3）。

长期以来在万溪冲这片土地上栽种梨树，是与当地的这种气候条件有密切关系的。梨树适应性强、抗逆性强，在有着不同气候、土壤、地势的中国各地都有栽培，无论山地、丘陵、沙滩及荒芜的盐碱地都能生长结果

图 2-2　农业生产中的蓄水池

图 2-3　村民运水上山

（郭文场和刘佳贺，2019）。梨树喜温，生育需要较高温度，休眠期则需一定低温，符合昆明当地的气候条件，相对粮食作物而言又较为耐旱，对土壤的适应性强，因此万溪冲农户一直将种梨当作农事活动中的关键一环，也是村里农户开展农业生产的主要对象。

再说蔬菜，由于万溪冲缺水，蔬菜只能零星种植或在梨树下套种。当然由于当地对宝珠梨果园的保护，毁坏果林重新种植蔬菜这一行为是不被允许的。套种种植在很长一段时间内是作为商品性生产补贴家用的重要途径。相较于平原或者山下，山上的农业发展更为不易，在访谈过程中，村民对当时的生产是这样描述的："一颗一颗拿出去卖钱，我告诉你那一点梨，根本卖不到那个地租钱……梨树就像这个盆一样，光照下来，树下都没有光照，但是树与树之间有点光照。我们就在两棵树中间有一点光的地方插上钎子，埋肥料、铺上薄膜，种上番茄、辣椒、豆子，就种在那个有光的下面。那些辣椒、小白菜就这么顺着梨树转一圈，钱都是这么苦（赚）出来的。""我们早上 3 点去采豌豆，豌豆卖了，去卖那个青花（西蓝花），青花卖了去抄刀豆，就这样打药、施肥……都是在干活。我就记得三天没怎么睡过觉，大概一天睡一小时。"

然而，随着 2008 年以后大量村民外出租地开展农业生产，在村庄内种植蔬菜的农户开始从为了市场销售而种植渐渐转为为了家庭自我消费而生产。2020 年我们在村庄做基线调研时，询问农户家里地里种了多少菜、能卖多少钱时，村民多数摆手表示："这个太少了，赚不着钱，更多是自家吃的，吃不完的送亲戚朋友，最终能够到市场上销售的非常少。”例如，一位杨姓村民在梨园里套种了各种各样的应季蔬菜供自己家人食用。他说：“自己两个女儿都出嫁了但都在附近居住，经常来家里带些菜回去，小女儿更是天天在这边，种的菜和养的鸡就自己吃了。”所以，老两口在食物方面的支出小。“两个女儿要是不回来吃饭，我们老两口一小袋米就能吃半个月，自己种菜自己吃，也就买一点肉，一个月 500 块钱都用不了。”

相较于 2008 年以前，现在万溪冲农户的农事活动更为简单，大量村民已经不再依赖梨树下有限的土地来套种各种各样的农作物，而更多是将梨树种植作为“主业”。那些外出租地的农户，则将梨树委托给其他亲戚或朋友进行代管，或者仅用零星的返乡时间来打理果园，其更多精力是放在外出流转土地种植蔬菜上。关于这个主题，我们接下来会进行阐述。

“农”转“农”

2003 年，万溪冲社区所在的昆明市呈贡新区设立，当地的城市化进程迎来跨越式发展。十几年间，呈贡区发生了翻天覆地的变化，现代化的基础设施，满城的高楼林立，而在这一繁荣景象的背后是大量的因城市建设而失去土地的农民。对于这些失地农民而言，未来的谋生无非有两种：一是洗脚进城，离开乡村进城务工，进入城市以后成为从事非农产业的“农民工”群体；另一种则是离开正在大建设的家乡在其他地区承包土地继续从事农业生产，成为“农民农”群体（奚建武，2011）。

在新区的建设过程中，呈贡的很多农民走上外出租地“农转农”的道路。外出租地的地点主要是围绕昆明市区而散布在周边的晋宁、嵩明、曲靖、楚雄、玉溪、陆良等地，外出的农民到了新的地域后主要种植蔬菜、水果、花卉，还有诸如三七、石斛等一些药材。截至 2021 年 7 月底，万溪冲社区内 502 户中有超过 260 户在外租地、种植大棚蔬菜，这部分村民大部分时间都是在蔬菜种植所在地，通常半个月以上或者节假日才会回村一次。

如前所述，万溪冲村民历史上就有在梨树下种植蔬菜的丰富经验，所以，那些村民外出租地后首选的也是种植蔬菜。根据村民回忆，万溪冲最早闯出去的是村里的前村支书杨汉强，他是最早出去的一拨人，由于当时资金有限，租的土地面积较小，种植的是露天蔬菜，技术也是靠着自己慢慢摸索。最开始的时候，万溪冲的村民也并没有想着跑太远，大部分人还是希望能在离家近点的地方租地种菜，于是选择了离万溪冲不远的村庄。那里相比万溪冲的土地更加平坦和宽广，但同样遇到了缺水的问题。由于缺水，即便村外有更好的土地进行蔬菜种植，但扣除地租等成本后一年收益并不高。于是这部分村民就逐渐放弃了这片区域，开始向着更远的地方探索。

随着一批人在陆良、嵩明等地扎根下来，更多的万溪冲村民开始跟随他们从村里走出去。后来随着城市化进程的推进，村里的土地陆续被征收或征用，农户收到征地补偿款之后有了更多的资金，一部分农户就在租种的土地上建起了大棚。如果说露天种植是 1.0 版本，那么现在已经进化到了 2.0 版本。村民说："大棚里面肯定好种一点，种菜最怕的就是在不该下雨的时候下雨，像意大利生菜可以收获了，但如果碰到下雨天……人家就不要了，那就废了。"后来，蔬菜大棚也进行了技术升级，现代化的灌溉设施、先进的冷库让蔬菜有了更好的保存条件，逐渐形成了完备的现代蔬菜种植产业链。据我们了解，万溪冲农户一年可以种植七茬蔬菜，按照村民所描述的"种植 75 亩，一个月能种出 190 多吨菜"，只要风调雨顺基本都能有不错的收成（图 2-4）。

图 2-4　大棚种植蔬菜内景

万溪冲村民之所以能够在陆良、嵩明等地落脚从事蔬菜生产并非偶然。一方面是万溪冲村民在种菜方面具有丰富的经验；另一方面是当地农户流转土地所得收入大于其原本种植水稻所得（租地平均价格为每年 2 100 元/亩），因此更愿意将土地向外流转。此外，在万溪冲人看来，“种地”是个有讲究的活动，并非所有农民都能胜任，要想赚到钱需要具备两个要素：一是要勤劳、要耐得住寂寞。据村民描述，万溪冲人外出租地以男性为主，女性一般会留守在家照顾老人和孩子。为了兼顾生产便利，这些村民往往会在蔬菜大棚的中央搭一个大棚房作为居住场所，且户与户之间相距较远，条件简陋（图 2－5）。有村民如此形容，“不勤劳不能吃苦的人是赚不到钱的，待不住总想着找地方打麻将，种的菜肯定不好，还是一分耕耘一分收获的。”二是要有“本钱”。有一户近期外出租地种菜的农户介绍，2021 年他租了 27 亩地，投资了 60 多万元才正式“把摊子给支起来”。这一说法在社区的副书记那里得到了证实，“外出租地没有 80 万～100 万元资金很难形成规模（图 2－6）。陆良、嵩明等地的一部分农民虽然能跟着学种菜，但绝大多数人拿不出这么多的本钱，况且种菜也不一定是赚钱的，如果你种不好肯定要亏钱。”事实上，并非所有外出租地种菜的万溪冲村民都能获得理想的收入，若是没有技术和经验的村民跟风出去种菜，可能会面临种不出好菜甚至因缺乏经验导致所选地块地势太低而被雨水淹没的风险。此外，还有病虫害、天灾等自然灾害，都可能会让农户遭受损失。据万溪冲社区的副书记估计，村里外出租地种菜的农户中赚钱、赔钱和不赚不赔的农户基本各占 1/3。

图 2－5　农户家的大棚房

图 2－6　大棚蔬菜种植外景

虽然万溪冲的农户外出租地仍然从事农业，但是与过去相比，又并不完全一样。除了设备和技术上的升级外，在劳动力配置方面，万溪冲的村民正在向着“管理者”转变，而管理对象则是租种所在地的农户。租地种菜的产业分工非常具体，“摘菜的”“砍菜的”“挑菜的”各有分工，并有相应的群体。当地村民除了可以收租金外，还可以到万溪冲这些农户菜地里务工。种蔬菜与其他行当不同，有极强的季节性，通常需要在特定的时间雇佣大量的劳动力在有限的时间内完成特定工作。因此，在这里的佣金是按照小时或者计件来计算的。例如砍菜，他们会雇当地村民在凌晨三四点左右开始砍菜，一直到下午六点，十几个小时的工作每人能有 200～300 元的收入。这个收入水平与当地人外出打零工 100 元/天的工资水平相比，还是具有一定优势和吸引力的（图 2－7）。

图 2－7　雇佣当地人采摘蔬菜

然而，值得关注的是，“农转农”的村庄人口外流的现象加剧了万溪冲社区的治理困境，对于村庄里的事情，这些农户没有时间也没有兴趣参与。原因在于农户的外出在空间上拉长了其与村庄的距离，也减少了农户与村庄之间的联系。那么，除了这些外出租地的农户外，在村里的农户还有哪些生计来源？接下来将对村中一些农户的非农业收入——“农家乐”进行论述。

农 家 乐

农家乐是20世纪80年代国内兴起的一种新型旅游形式，它是以农业、农村、农事为载体，主要利用庭院、鱼塘、果园、农场等场地，在一些城郊和旅游景点的周边逐渐发展起来的，以展示民族风情和民俗农事为特色，以“吃农家饭、住农家屋、干农家活、享农家乐”为主要内容，为游客提供集游览、体验、娱乐等功能为一体的旅游活动（王莉，2007）。在之前的章节中有叙述到，万溪冲是一个有着自己特色的村庄。宝珠梨的栽种至今已有数百年历史，名声远扬省内外，是社区的一张名片，每年都吸引大量游客到社区游玩。并且随着城市的扩张以及基础设施的完善，到万溪冲社区已不再是一件难事。这些因素为万溪冲社区农家乐的发展提供了便利。当前，万溪冲社区大大小小的农家乐共有5家。

万溪冲的农家乐历史已有十多年，比梨花节的历史还要久一些。之前的农家乐多数是本村人用自己闲置的房屋开一间餐馆，给来游玩的旅客提供当地的农家小吃。而随着当地政策的改变，农家乐也有了新的变化。村里一位年长的农户说道：“原来我们村农家乐还是很多的，我们村地界上有11家，但是由于政策调整需要对大棚房进行整治，原来这个街道上的大棚餐厅全部拆了，现在村里规模大的农家乐，只有三家在村子里。所以社区也是鼓励老百姓从自家的房子腾出一部分空间，打造出一些铺面，增加一些小的餐饮店。”从这位农户的话语中可见，随着村庄的整治，农家乐的经营形式和规模也得到了一些改变。但在此过程中，也出现了一些问题：

一是外来者的威胁。有的村民反映，现在的农家乐大部分的经营者不是本村人，农家乐经营所产生的增值收益并没有留在农村、留给农民。据刘大爷（在村里做保安）描述：“村里很多人的地被占掉，像我们家是占完了，租也租不到，家里有地的都种着果树，没地的人现在租也租不赢人家。”当被问到为什么“租不赢”人家时，刘大爷回道，“人家给的钱太高了，照人家那个价钱租下来你种不赢的，像今年的租金一亩一年要3 000～4 000多元，租10亩就得3万～4万元，人家租地都是把果树刨掉一部分，留一部分开农家乐或者做其他东西，不单纯是种果树。”现在由于耕地红线的限制，村民想要再去开办大型的农家乐并非易事。

二是劳动力的短缺。当农民有条件开办农家乐时，也受限于劳动力。村里的魏大爷讲到，“孩子都出去外面打工赚钱了，就留我们两个老人在家，开农家乐需要做饭、收拾房间，还必须保证卫生、安全，还有饭的质量和口感，这对于我们来说是有心无力的，但又不能瞎干，不能砸村里的招牌。”随着年轻人群体往城市流动，村里的“三八六一九九”部队逐渐变成“九九”部队，这对于万溪冲农家乐的发展是一个很大的限制因素。对于餐饮业而言，是需要有高标准的质量、卫生和健康要求的。而且万溪冲作为一块老招牌是要吸引回头客的，这样一来，较高的要求和劳动力条件不符成为万溪冲进一步大规模发展农家乐的限制因素。

三是对周围邻居的影响。农家乐并非可以随意开办，还需要充分考虑其对周围邻居的影响。阮阿姨告诉我们：“开农家乐，是要有条件的。如果在我们那种一排一排的房子里面开，是开不了的。开农家乐未免会吵闹嘈杂，安全问题、消防问题都是需要和邻居进行商量的。”而且在开办餐馆过程中，难免会有油烟、剩菜、污水排放等问题，这会对邻居的基本生活造成极大影响，若周围的人都以开农家乐为生倒是可以理解，但明显现状并非如此，需要考虑的因素较多，这也是农家乐发展过程中的一个限制因素。

四是消费能力不足。李大姐与她的丈夫在万溪冲租了一家铺面经营餐饮，做腊排骨火锅。店铺日常由老两口打理，并没有雇佣工人。除了火锅店他们还在另一个房间经营着一家小超市，售卖饮料、零食、油盐酱醋茶等日常消费品。他们并非本村人，过去在昆明市里做台球厅、麻将室的生意，由于自家亲戚当时在万溪冲租了铺面做餐饮生意，便跟了过来。看着街上人流量不小，于是与丈夫商量着到村里来租个铺面做生意，这样与亲戚还能有个照应。李大姐说：“一家刚来的时候，也没想着做餐饮行业，在餐厅里我就摆了几张麻将桌，结果生意做不起来。”于是他们便想着换个生意，在村里开一家独一无二的火锅店，随后便花了两万元跟外面的师傅学习如何做火锅。然而在万溪冲开火锅店所产生的收益却没有预料中的理想。李大姐自己总结了两方面的原因：一是村庄客流量少。“梨花节有人、国庆节有人，再过一个月你看，一点人都看不见。在这里做餐饮靠流动人口根本就做不起生意，现在都是靠着周边的这些老顾客赚点钱。”而周边的老顾客数量是有限的，且不会一直选择到这家店消费，因此实际到店消费的顾客并不多。像这样有着不稳定的消费者数量的并非仅此一家，村里大多数餐饮店都是如此。李大姐说，“村里的农家乐大多数就是靠着老顾客生存，接待一些村里的婚宴，不然工人工资都发不出去，村里有一家农家乐都已经换了好几个老板了。”二是成本较高，尤其对于来自村外的经营者而言，需要有更多费用的支出。由于社区地理位置优越，因此房租一般要高于周边其他村庄。“刚开始谈的租金是6.8万元/年，由于疫情生意不好做，跟房东商量后年租金降为5.6万元/年。随着疫情被控制，房东说政府要在社区打造景点，这条街要热闹了，要将房租涨到7万块每年，但是我们根本赚不到这么多钱。”由于疫情原因，2022年梨花节未能如期举办，农家乐也没有往年生意红火。平常尽管有附近的工人前来光顾，但也并非常客。

针对上述困难，这些农家乐的经营者也在不断探索如何去克服并实现更多盈利。肖先生说：“我就想打造‘一条龙’的形式，吃就在我们农家乐里吃，玩就在我们梨园里玩，住就在我们家里住。而且我可以去代管比如一平方米左右梨园或农地，然后游客自己来采摘或种植蔬菜，我收一部分钱。”蒋先生说道：“餐馆做起来，要弄特色小吃。还有就是要动员党员和居民代表开微型农家乐，起带头作用。”还有其他关注万溪冲发展的人员则表示，由于万溪冲具有地理位置优势，因此可以合理引进并扶持一批餐饮项目，扩大村庄这一优势，将更多的收益留在村里。

财产性收入

党的十七大报告首次提出要“创造条件让更多群众拥有财产性收入”，

党的十九大报告中也重点强调要在实施乡村振兴战略中“拓宽居民劳动收入和财产性收入渠道”。那么，什么是财产性收入？根据统计分类，农民家庭纯收入分为以下四个部分：工资性收入、家庭经营纯收入、转移性收入和财产性收入。其中财产性收入是由其财产带来的，也称资产性收入，是指金融资产或非生产性资产所有者向其他机构单位提供资金或将有形非生产性资产供其支配，作为回报而从中获得的收入（郭栋、李冲，2014）。在家庭收入中一般是指家庭拥有的动产（如银行存款、有价证券等）、不动产（如土地、房屋等）所获得的收入，包括出让财产使用权所获得的利息、租金、专利收入，财产营运所获得的红利收入、财产增值收益等，不包括出售财物获得的收入（金双华，2013）。

农民的财产性收入主要来源于土地、房屋和资金等三方面。其中，来自土地的财产性收入主要是通过土地征收征用和土地承包经营权流转获得的收益和补偿；来自住房的财产性收入主要是通过房屋出租、出售和拆迁补偿等方式获得的收入；来自资金的财产性收入主要是通过储蓄、民间借贷和投资股票、债券、基金等渠道获得相应资金的收入。农民除了家庭财产性收入，还有通过分配形成的集体财产性收入，如集体分配股息和红利等（刘志昌、夏侠，2015）。

在过去很长一段时期内，农民的财产性收入在总收入中所占的份额相对较小，并没有太多引起人们的注意，万溪冲村亦是如此。2003 年前万溪冲还是村民口中的“偏远山村”，只是村里没人能想到自己的家乡有一天能成为大都市的一部分。那时候万溪冲能有存款的家庭非常少，有一定积蓄的村民翻盖自家房屋基本是为了满足居住需求，少有人能够想到自家不临街的房屋有一天能够以较高的价格租给外人。村民将存款存入银行“吃”利息，是过去村里农户资金收入最为普遍的资金投向。而当前，储蓄、地租和房屋租赁共同构成了万溪冲村最为常见的财产性收入来源。而上文提到的诸如股票、证券、债券等资金投资方式至今万溪冲村民少有涉猎。

关于集体财产性收入，在很长一段时间内，万溪冲村集体都没有任何来源，能够维持集体的公共开支已十分不易。万溪冲村民能够得到集体财产性收入分红则主要源于过去十几年村庄的征地补偿款。昆明市呈贡新区的建设致使城市边界扩张至万溪冲，此外，呈贡大学城、呈贡信息产业园在村庄周边的建设正式开启了万溪冲村征地的步伐。2007 年 6 月，高校教职工住宅项目以 6.5 万元/亩的价格，征收了 0.811 5 亩，支付征地金额 52 747.50 元，这是万溪冲账面上第一笔征地款。在随后的十几年间，万溪冲村民因土地被占而得到大量的征地款，人均累计分配金额 40 余万元，其中仅 2019 年便人均分得 10 万多元。这一金额在万溪冲大多数村民家庭收入中占了很大比例，在农民钱袋子鼓起来的过程中发挥着重要的作用。

征地款的到账在万溪冲就像一个“引子”，村民拿着这部分资金参与到市场经济运行中的生产、流通、分配、消费、投资等活动中，进一步提高了财产性收入在家庭总收入中的比重，由此引发了一系列村民生计活动的变化。其中，投资房产是万溪冲村民最为常见的扩大财产性收入的方式。投资房产在万溪冲社区包括两个部分：

一是修（建）村里自己家宅基地上的房子。大学城的建设及周边小区的开发，让万溪冲附近的几个村庄都在短时间内完成了拆迁上楼，一时间万溪冲也将被“开发”的消息在村里弥漫。根据周边村庄拆迁的经验，自家房屋面积越大，拆迁赔款就会越多。在村内宅基地固定的情况下，加盖更多的层数成为村民修房子的可能选择。尽管时间证明了万溪冲在短时间内不可能拆迁上楼，但是由于城市建设导致村庄周边出现了各种工地，村内民居成为周围打工者的首选落脚地，村民也由此通过出租房屋有了较为可观的财产性收入。

二是购买小区房屋。随着万溪冲周边住宅小区的开发，大批楼房拔地而起，很多村民便趁着当时房价较低购买了商品房。具体谈到购买商品房的原因，主要有以下几个方面：一是投资。在当时房价飞涨的情况下，购买两套房屋是投资的一种方式，尽管自己不住也可以简易装修后对外出租，对于村民来说也算得上是长久的收入渠道。二是给子女提前准备。村民总会趁着有点存款，且房价相对不高的情况下，通过提前购买房产解决未来子女成家后的居住问题。三是购买城中商铺，对外出租，继而每月收取租金，贴补家用。在村民看来，投资房子是一种较为靠谱的投资方式，即便现在家里房子已经满足基本需求，但家中子女长大成人后也是有所需要的，不论是在宅基地上盖新房还是在外购买商品房大多都是如此考虑的。

在社区层面，城市化的浪潮让村庄集体经济有了一定起色，尤其是村庄一侧的信息产业园工程建设时期，村里的集体公司承接了大量工程，获取了可观的收益，尽管没有直接以分红的方式发放给村民，但是收益用于村庄内的卫生改善以及居家养老服务中心的运营。因此，社区干部说："我们这里不是扶贫，要的是致富。如果村民不出去租地，像四口之家的一户家庭现在存款也在一百万以上。我们村现在每人平均分到征地款 40 多万元，家中如果有 4 个人就有 160 多万。"

可见，与一般农村所面临的资金不足的发展困境不同，万溪冲所需要的是利用乡村振兴的政策契机提升发展的质量，需要考虑的是如何激发社区的资金活力，让社区的资金流动起来，进一步提高农民的收入，这也是社区村干部、村民们所关注和期盼的。

第三章

房　　子

一个村落中的房屋，作为当地村民所创造的一种地方文化，其建筑风格、空间设计和使用功能等，承载着一个村落的演变史和发展进程。在农村，人们大量的生产活动、生活状态和生活方式，都和其所居住的房屋之间存在密不可分的联系，是村民物质生产活动和精神生活活动的重要场所。但随着工业化和城镇化进程的推进，很多村落的房屋都渐渐发生了变化，一些年代久远的老屋被作为落后和不够现代的代表物而被拆毁，一批又一批的新屋得以翻建或新建，这些不同年代的房屋的建造风格、面积、样式、空间环境等都体现着强烈的时代感。因此，对村落内房屋的状况进行了解和把握，有助于我们"看见"村落的历史发展轨迹、了解世代村民的文化积淀。这也是当前和未来我们在开展乡村振兴工作时，要关注的重要议题，即一个村落的传统建筑具有哪些价值和意义？在乡村振兴的进程中该如何看待这些建筑，保护这些建筑，甚至利用这些建筑？

《中华人民共和国土地管理法》第八条规定，农村和城市郊区的土地，除由法律规定属于国家所有的以外，属于农民集体所有；宅基地和自留地、自留山，属农民集体所有。而其第六十二条规定，农村村民一户只能拥有一处宅基地，其宅基地的面积不得超过省、自治区、直辖市规定的标准。农村村民建住宅，应当符合乡（镇）土地利用总体规划，并尽量使用原有的宅基地和村内空闲地。农村村民的住宅用地，经乡（镇）人民政府审核，由县级人民政府批准。农村村民出卖、出租住房后，再申请宅基地的，不予批准。农村宅基地使用权是农村集体经济组织成员所享有的权利，是与享有者特定的身份关系相联系的，非本集体经济组织的成员是没有权利通过买卖等市场交易的方式获得的。换句话说，宅基地使用权的取得、行使和转让，必须要适用《中华人民共和国土地管理法》等法律和国家有关规定。例如，根据法律规定，农村居民一户只能拥有一处宅基地，村民一旦出卖农村房屋后，将面临不能再申请宅基地的风险。

滇中“一颗印”

万溪冲社区的传统民居为“一颗印”式民居建筑。因其建筑院落平面布局基本呈方形，房屋规整，如同中国传统的印章，故称为“一颗印”。“一颗印”民居始于明代，成熟、定型于清代早期，一般以土、木、石、竹等天然材料和砖、瓦、石灰等初级材料建成，既可建为独栋，也可连排建筑，可大可小，可增可减，可单层，可双层，可豪华，可简朴，“版本”较多，灵活多样，经济实惠。特别适宜昆明高海拔、低纬度的高原地区的气候特点，无论城镇、村寨、平坝、山区都适合修建（朱净宇，2021）。关于“一颗印”的建筑，在费孝通与张之毅先生合著的《云南三村》中对其布局与传统陈设有较为翔实的描述：“这是一所当地所谓‘三间四耳倒八尺’的房子。正厅上下各三间，厢房上下各四间，倒檐八尺有倒楼一间。屋中开天井，光线充足。客厅、卧房、厨房、马厩、仓房各有分隔。厕所、猪圈另设屋外。屋内有香案、方桌、靠椅、方凳、圆凳、面架、衣柜、床榻等油漆家具。又有联对、绣屏、花瓶、香炉、烛台各项陈设。”费孝通（2006）在《云南三村》的描述中，“一颗印”民居是五老爷住的房子，代表了玉村富人阶级的生活状态。

万溪冲社区的“一颗印”建筑与上述描述相差不大，功能结构也大致相同。根据村里93岁的唐大爷回忆，这种大的传统的老式“一颗印”式的房子是村里过去殷实人家居住的，过去一般穷苦人家都住草房，大概30多年前村里才陆续有人盖起了砖房。万溪冲村过去的“一颗印”民居大多是“半颗印”的结构，只有“三间两耳”，房屋建筑材料为土木结构。改革开放后，随着村民收入的提高，家底厚实的人家纷纷盖起了“小洋房”，老式房屋遭到村民的嫌弃，白瓷砖泛着光才显得现代化，显得这家人潮流，淌着泥水的老式建筑在建设中被逐渐拆完，目前在村里很难见到完整的老式“一颗印”民居了。

当前，村庄内现存最老的传统民居是一座清朝的民居，祖辈相传，至今已有百年历史（图3-1）。在这栋老宅的主人杨奶奶那里我们得知，这个房子是她家一辈又一辈传下来的，到她这一辈已经历四辈人的光阴。如今的她也已经儿孙满堂。这座“一颗印”的老宅她也讲不清建于何年何月，在她的印象中这座老宅是村里最老的房子，这个“最老”不仅是指现在留世最老的，也是村上被拆掉的“一颗印”房子中最老的。

图3-1　“一颗印”老宅外景

万溪冲这栋最老的房子是村里为数不多典型的“三间四耳倒八尺”布局的“一颗印”民居。正房有三间，两厢是耳房，每耳两间共四间。门廊又称为“倒座”，常见进深为8尺，大门在门廊正中间，中间被围成一个小天井。各方房屋均为两层楼房，在正房和厢房相接处，各设单跑梯一座。正房底层明间为厅堂，供日常起居待客吃饭，二层明间为祖堂、佛堂或堆放粮食的储物间，正房上下楼的次间为卧室；左右耳房的进深较浅，建筑较矮，底层为厨房、牲畜圈或柴房，二层用作卧室。各层屋面均不互相交接，正房屋面高，厢房上下层屋面正好插入正房上下两层屋面的间隙中。这种封闭性、向心性很强的“一颗印”，仅在围墙纵向中轴线上立大门，构成对称的外观形态（刘晶晶，2008）。据村里的人们讲，万溪冲过去还是穷地方，远没有修建“豪宅”的资本，这座房屋算是村里建设得比较好的，如果想看更好的“一颗印”民居，可以去看冰心女士在昆明的故居。

图 3-2 万溪冲“一颗印”传统民居

杨奶奶是住在这栋老宅里的最后一代人。据她回忆，她刚嫁到万溪冲的时候，就和丈夫住在这栋房子东侧二楼的厢房里。那时候整个宅子里住了一家十几口人，非常拥挤，但充满了烟火气息，十分热闹。老房子见证了杨奶奶大家庭的人来人往，见证了老人的离去，也见证了家族添丁兴旺。分了家以后，她与丈夫在里边又住了二三十年，后来才重新建了新房子。新房就建在老房子的东侧，如今在里面也已经住了 20 余年。而老宅子从此就一直闲置着。因为没有人居住，年久失修，老房子的门头、土墙都已塌掉或破坏，成为危房，现在这座承载着几代人的日常欢愉和记忆的“一颗印”大门紧锁、不再有人来人往，也鲜有人再去关注其过往。只有村民杨奶奶说，她经常还会做梦梦到自己住在老宅子里，梦到老宅子里曾发生的一些事。

相比于新房子来说，杨奶奶更加眷恋老房子，她还在老房子旁边的空地上种植一些蔬菜，儿媳妇也会在院子里养几只鸡、放些杂物，待到天气晴朗时一家人也会把洗好的衣服晾晒在老屋的院子里撑起的竹竿上。另外，从杨奶奶将新老房屋进行比较的话语中也可以体会到这一点，“老宅子都很结实墙都很厚（30～40 厘米），现在修的房子都用的新砖很薄（也就大概 10 厘米），而且现在新修的房子虽然大但也住不完，都空着。”日出日落，岁月流逝，万溪冲的容貌渐渐地在发生改变，能见证这一切的就是这些矗立在村落中的文化“遗产”——“一颗印”民居（图 3－2）。他们与接下来要讲的新屋相互映照，显现了万溪冲这个城郊村时光交错的社会变迁进程。

现代的新屋

2014 年以来，万溪冲在地方政府主导下开始进行美丽乡村建设工作，即引导老百姓将自家的房子改成现在的青砖青瓦或稻草样式的建筑风格。历经七年，当下村民的住房已经都逐步新建或修缮而成为今天我们在村里所看到的模样。

从万溪冲西侧的大门进村，映入眼帘的便是已被改造的现代式钢筋混凝土的“小洋房”，其建筑材料虽与老房子有所不同，但结构上仍与“一颗印”相仿。现代新屋的建筑，一改原来“一颗印”民居采用的厚重的土坯外墙，使用的是青砖瓦外墙，而且从原来只有 2 层的房屋，改成了 3～4 层的房屋结构。在湛蓝的天空下这种新式青瓦建筑非常醒目，尤其是青瓦覆顶在阳光照耀下更加显眼。青瓦房的屋顶保留了传统坡面的设计，这样既能发挥现代新屋屋顶的排水功能，同时一定程度上也保留了传统建筑的风貌。现代新屋在封火墙上保留了传统砌法带有的颇有韵律感的独特形式，如今的大门虽然使用了砖混结构搭建，但在尺度上保留了既有的出挑深度。现代新屋的坐向和大门位置跟“一颗印”一样颇有讲究，各家门前十分空旷，几乎没有遮挡物，如果实在没法避开，会在自家门顶上安放瓦猫“辟邪”，以防被“戗”着。这是老人家在现代建筑过程中仍然十分重视的社会礼俗，墙、门及坐向对于家庭来说具有非常重要的意义（图 3－3）。

虽然现代新屋主要功能仍然是居住，但临街的农户通常会从事一些商业行为，如超市、商店、小吃店等，而使得房子同时兼具商业和居住的功能，“宅店结合”。之所以如此，缘于这种新屋的建筑在其临街立面舍弃了高墙，这完全不同于“一颗印”那种严谨封闭的形象，而是以完全开放的空间来满足商业活动的需求。“宅店结合”的形式有“下店上寝”“前店后宅”两种。为了与私人空间隔开，避免相互干扰，一般“宅店结合”模式的新式房屋都会在侧墙打开一个侧门。这样的话，上边或后边的正房作为

图 3-3　现代新屋的大门

家庭成员生活起居的场所，完全和开放的商业活动空间隔离开来。

现代新屋划宅基地的占地面积大约为 148 平方米，经过几轮翻盖大多为三层建筑，少数为四层。房屋建筑一般没有外院，有外院的人家也并不是出于杂物堆放、菜园种植、动物圈养的需要。在追求高品质的现代生活方式中，村民对庭院空间的要求更高，庭院更多的是被当作改善人居环境的场所和承担美化的功能。所以每家每户房屋外的开放院落里，要么干净清爽，要么绿植满园，传统农耕器具、酒缸、老木桩等都成了村民装饰房屋的道具，一串串干辣椒、干玉米、大蒜搭配筲箕簸箕等经过不经意的搭配也成为青砖黛瓦的最佳点缀，凝聚了村民们的闲情逸致（图 3-4）。

图 3-4　农户家门口

跨过门槛，走进新屋，室内空间也改变了旧有建筑局促、阴郁的空间感，原来老房子出于挡风沙和安全考虑而打造的小窗甚至无窗样式不见了，取而代之的是通透的大面积玻璃窗，这样室内拥有了更加充足的阳光和怡人的室内环境。天井在“一颗印”的建筑中，是农户采光的主要来源，现在很多家庭在修建新式房屋时还保留着传统的天井作为过渡空间，但相比于老式建筑，天井的空间更加狭小，可以说是一种传统和现代的结合体。在新式房屋中，天井更多是被家庭当作居室生活的一个补充场所，而不是特别需要其实用功能。在万溪冲社区现有的几家保留天井的建筑中，都是将其改造得更具美观，如在天井里摆放盆景等装饰物品，使其具有休闲和观赏的价值。阳光从天井渗透进来在地上留下一点点光影，在新屋里时刻都能体会到温暖和安宁。

在现代的新式建筑中，正门对着的是客厅，空间开敞舒适，客厅桌子上摆放着茶几，是主人用来招待客人的地方。在现代新屋中，人们对于空间功能进行调整的同时，名称上也发生了变化，例如不再沿用“堂屋”和“耳房”的称谓，而是用“客厅”和“卧室”取而代之。这些房子在室内装饰上，整体看起来更加接近于城市住宅中的布置。表面来看，这些装饰风格是一种“自发性建造”，但如果分析其过程的话会发现，万溪冲居民在修建新式房屋进行住宅环境的提升改造时，实则是一种“被组织”，即“它的组织化，不是它自身的自发、自主过程，而是被外部动力驱动的组织过程或结果”（吴彤，2001）。换句话说，当今村民所建造的新房子的风格，是村民通过“被组织”的指令，来强行留住和塑造其地域风情的结果。正如有的村民所讲的，“房子的外貌是村里给我们图纸，改造成统一的……这个房子原来自家各自建，一家不同一家的，现在都搞得一致了，好看一点。”“外立面是村里统一找施工队来干的，我们家的墙是一面一万元，三面总共花了三万块。”

房屋是人类共有的文化模式，但对房屋的不同造型、屋内空间的不同利用却展示了其有别于他人的文化认知结构。虽然万溪冲内部不同的家庭对自己的新屋内部空间的利用情况有所不同，但很多规则和理念却是大部分家庭所共同遵循的，即现代新屋内部空间的利用及分配较传统形式都发生了改变。总体而言，这些现代新屋建设成三层的占绝大多数，其中一楼主要承担的是客厅、厨房、餐厅、浴室和车库等功能。客厅是整个房屋的核心部分，属于家庭成员的公共空间，不仅是家庭成员活动和交流的中心，也是家庭成员与外来客人交往的重要场所，因此客厅在村民心中尤为重要，在入户的时候就能看出村民在自家客厅布置上所花费的心思和努力。二层的设计主要包括一个不常用的客厅，其余空间一般用作生活储藏或其他用途，是村民们活动最少的区域。三层则是村民们用来休息的地方，卧室分为主卧、次卧、客房、客厅等，屋子的主人一般住在三层主卧，次卧留给自家儿女居住，若家中有老人腿脚不方便，便会在一层布置一间卧室供老人居住。三个层楼的布局方式基本是一致的，只是在功能的划分上有所差异。

万溪冲社区依据古镇规划理念，以传统“一颗印”为基础原型，在现代新屋的外观设计上大量保留了原始建筑形态“一颗印”的结构特点，体现历史的跨越度和积淀感。同时融入了一些现代设计元素，与传统建筑形成温和的对话。如果说传统“一颗印”是居民在应对生态环境之时在地方性传统知识的积累上所做出的努力，那现代的新屋则是对传统“一颗印”建筑文化与现代文明相融合的把握。另外，现代新屋可以说是对云南民族文化记忆的一种传承。在万溪冲现代新屋的建筑类型中，这些意涵丰富的文化记忆以可视或不可视的方式表述出来，从侧面反映了滇中汉族文化的历史进程。人们通过对现代新屋表现出的地区性特征的识别和感受，能够加深对地区人文环境的感知和认同。或许这正是万溪冲打造现代新屋的用意所在。

沉睡的老屋

如果人们初到万溪冲，多数会对贯穿东西的村庄主路两边一排排的新房子印象深刻。这些房子基本上都是近十年新建的房屋，外立面整洁、统一，三到四层高，看起来万溪冲的村民家家户户都是“小别墅”，给人一种非常富有、现代的感觉。可是，如果将整个村子每条街都走遍的话，就会发现在这些整齐划一的房屋交错间还存在着一些前面讲到的与周围环境不甚和谐的破旧老屋。这些老屋的建筑材料大多为土木结构，远远看上去十分破旧，或顶部塌陷，或墙体歪斜，仅有的几栋远处看似乎完好，走进看却是布满修修补补的痕迹，几乎无法居住（图 3－5）。

图 3－5　万溪冲的老屋

那么，这些老屋的主人是谁？他们现在居住在哪里？为什么房子如此破旧也没有进行维修或翻盖？是不让盖新房，还是没有钱盖新房？如果长此以往的话，宅基地会如何处理？是否还会调整给新的需要宅基地的农户？这些问题困扰着我们，为了弄清楚答案，我们对村干部和村里的一些村民进行了访谈。按照社区干部的说法，这些房屋的主人并不贫穷，相反他们可以都算得上村里有“本事”的人，他们有的在外地当干部，有的在城里经商，还有教师等群体。换句话说，这些都是曾经在社区居住而后来将户口迁出去的农户家的老房子。当前，万溪冲社区 475 栋房屋中，这种老房子共有 12 栋，尽管其中 4 栋条件尚好还能使用，但由于长期以来这些房子都缺少维修和管理，而被定为危房的级别，一直处于闲置状态。

2019 年 5 月，中共中央、国务院发布的《关于建立健全城乡融合发展体制机制和政策体系的意见》中指出，允许村集体在农民自愿的前提下，按照有偿、依法、自愿的原则，鼓励入户城镇的农民将闲置的承包地、宅基地、住房收回，转变成为集体经营性质的建设用地统一进行规划入市，为土地的综合利用和开发创造更好的条件，村集体回收的土地、宅基地及住房，可以通过出让、出租等方式进行交易，从而变空置闲置的资产为有价值的资产。由此，村委会曾多次试图与这些“农户”进行沟通，将房屋流转到村集体的名下，但却未能达成共识。因此，这12栋老房子就这样一直处于搁置的状态。

究其根本，要想理解老房子闲置这种现象产生的原因还需要了解一下中国农村的土地制度。在中国农村，就宅基地而言，包括所有权、使用权和资格权三个“权”，其中所有权归集体、资格权归具有本集体经济组织成员资格的村民、使用权则可以归该集体经济组织的村民或者其继承者或承租者等所有。根据法律规定，城镇户籍的子女可以继承的只有父母在农村的宅基地使用权，即城镇户籍子女可以因继承农村房屋而获得宅基地使用权，但却不能继承宅基地的所有权。尽管在政策的具体落实层面，各地略有不同，但基本的法律规定都是必须要遵守的。2020年之前，万溪冲社区所在地的规定是，户口迁出的群体有继承老房子的权力，但是翻盖房屋是不行的。村民拥有房子产权，但却不能重建或翻盖，导致了老屋的“沉睡”。对此，法律层面的相关解释是：农民的宅基地使用权可以依法由城镇户籍的子女继承并办理不动产登记。根据《中华人民共和国继承法》规定，被继承人的房屋作为其遗产由继承人继承，按照房地一体原则，继承人继承取得房屋所有权和宅基地使用权，农村宅基地不能被单独继承。换言之，继承宅基地的前提是，在继承之前，宅基地上必须有房屋，如果是空宅基地，则不能继承，即城镇户籍子女继承宅基地使用权的前提是“地上有房”，而且继承后的房屋如未经集体经济组织及相关部门同意，不可以对房屋进行推倒翻建，如果想长期使用房屋，只能在父母生前对房屋翻建。

在中国乡村，“落叶归根”是许多地域村民的文化传统。尽管在城镇化迅速发展的背景下，大量农村人口持续向城镇转移，但有小部分村民仍然以本村人自居，有村民表示，“农村人始终是农村的，在村里没有房子还是不方便，还是要在村里有一个落脚之处。”那些具有城镇户籍而在父母去世后继承了老房子的人，每逢过年过节，还是会回到村中来看一看，但如果老房子倒塌了的话，他们就基本上切断了和村庄之间的联系。换句话说，这些老房子是这些从村里走出去的人与万溪冲村联系的一个纽带。

他们在某种程度上还在期待着政策的变化，如果在继承父母在农村的房屋后，可以通过翻建或重建，或可以自用或可以出租或出售，就可能是一笔收入，也是他们在乡村的一项重要资产。

这些老屋的“沉睡”不仅对于村民而言是一种损失，对于振兴乡村而言也是一个需要破解的难题。这些老屋继续搁置几年、十几年、几十年，房屋的倒塌是必然的，而在此期间，其破旧的面貌与乡村现阶段发展的新面貌很不应景，却又无从改善。对于乡村而言，这些老房子的“沉睡”导致农村宅基地闲置浪费，不能发挥其本应发挥的作用，“废墟”中难以产生效益。但是如果能够盘活这些老屋和宅基地的使用的话，无论对于村庄还是房屋的继承者来说，都是一件喜事。一方面，从人才流动的角度而言，盘活这些老屋可以吸引迁出户口的村民返乡，无论是创业抑或是为乡村发展出谋划策都能够为振兴乡村贡献力量。另一方面，盘活“沉睡”的老屋，在一定程度上可以为有意进城落户的农民解除宅基地使用权可能被收回的后顾之忧，这将更加有助于促进城乡人才的双向流动。此外，从实现经济效益和美观的角度而言，这些位于村庄主干道两侧的“沉睡”老屋既不美观，也不能实现其经济价值，而这些又恰恰是万溪冲这类商业较为发达的村庄在未来乡村振兴工作中要解决的问题。因此说，如何盘活利用好这些农村闲置的宅基地和闲置住宅，是否可以发挥其经济价值、生态价值和社会价值等，是地方政府、社区和村民都非常关注而迫切需要解决的一个问题，也是在未来的振兴工作中需要重点考虑和探索的一个主题。

闲置的公房

公房也称公有住房，国有住宅。是相对于所有权属于个人的私有住房而言的，是指由国家以及国有企业、事业单位投资兴建、销售的住宅，在住宅未出售之前，住宅的产权（占有权、使用权、收益权、处分权）归国家所有。公房又分为“直管公房”“自管公房”两种，公房使用者在法律允许的范围内，对公有房屋享有的占有、使用、部分收益和有限处分的权利。下文中所讲的“公房”均指代万溪冲社区集体所有房屋，所有权属于社区集体。

万溪冲的闲置公有房屋主要有三个来源：一是社区原有存留的老公社、老村委会、老祠堂、老客房；二是村民由于迁出村外、重建新屋等原因自愿有偿退出而将私有房屋转让为社区公共资产；三是社区在新批的地基上重建的公房。截至 2022 年 2 月，社区共有集体公共用房 18 处，总占地面积约为 3 450 平方米。

万溪冲社区现有闲置公房大多是在 20 世纪七八十年代修建的，基本由土坯、石块和木头砌筑而成。经过几十年的风雨，村里的闲置公房如今已经“硬伤累累”，建筑材料逐渐老化，房屋破烂不堪，出现屋顶漏水、房屋年久失修、结构老化等问题。仅存有一处老旧的闲置公房保留较为完好，其他三处完好的闲置公房都是 2000 年新建的砖混结构房。前者为社区在 2019 年经过盘活改造的“人才公寓”，占地面积约为 180 平方米，分为上下两层。这套房屋原本属于社区居民所有，2000 年村里开始批地基，社区提供了两条政策：一是原有住房拆除重建砖混结构房，二是把房屋交给公家所有，由社区重新批地基。由于该栋房屋较新，且是浓缩的滇中小型“一颗印”老式建筑，村里建议保留充公，该栋房屋的主人便自愿退出宅基地，将其交给村里的办事处，从此这套房屋便成为社区公有资产，但长期以来都是被村里用来当作仓库，堆放一些杂物。其余三处闲置公房是社区于 2000 年在新批的地基上重建的现代新房，每处占地面积约为 134 平方米，邻近社区居委会，其中一处被改造为老年服务中心，另外两处偶尔用来存放杂物和社区人员办公，使用效率较低，基本处于闲置状态。除此之外，村里还有大大小小的几处公房，但由于房屋本体条件差，甚至有的断墙残壁存在安全隐患，无修缮价值，难以通过改扩建方式进行重新改造利用，因此一直闲置至今。这些闲置公房大多保留着“一颗印”式传统建筑结构，是典型的滇中地区建筑类型，而且社区居住用地面积十分有限，资源紧张，事实上对社区来说的是具有极其重要的利用价值的。但一直以来，这些闲置公房不是任其雨雪侵蚀，自行倒塌，就是一直未能找到适当的利用方式或与外来承租者谈妥双方都认可的价格，从而未能为增加集体经济收入做出贡献。

闲置住房的再利用是盘活资产的开端，盘活用好社区闲置公有资产关系到群众的切实利益和基层经济收益，事关社区经济高质量发展与乡村振兴的效率和效益。公房作为社区的集体资产如果不加以开发利用，非但不能将集体资产有效地转化为经济效率，造成资源浪费，导致共有资产流失，还有可能形成安全隐患，危及社区居民的生命健康。在实施乡村振兴战略的背景下，加强农村闲置集体资产统筹规划和综合利用，使其效率最大化，对于盘活存量土地，促进资源永续利用具有重要意义。万溪冲社区也逐渐开始重视这些闲置的公房，并积极探索各种方式将其盘活利用起来，对于此，将在后面的章节中具体进行阐述。

外来的租客

前文提到，万溪冲社区村民的房子多数为三层住宅，使用面积超 400 平方米。而且，随着大量村民外出租地种植大棚蔬菜，村里的房子大多数出现了空间闲置。根据社区统计，2021 年有 13 户村民整栋出租了自家的房屋，有 57 户在自住的同时向外出租部分闲置空间。那么，这些房屋租给了谁，租给他们做了什么？这是本节关注的问题。

首先是外来的租客在村里承租房屋后用作商铺。这一类租客主要是村外到万溪冲社区经商的外地人，他们的租赁对象是沿街民房。万溪冲村民选择外出务工或租地种菜时，有一些村外的人却选择来万溪冲村里从事商业活动，他们在村里开起了超市、餐馆、蛋糕店、奶茶店、手机店、床上用品店、菜鸟驿站等，既丰富了村里的商业业态，也满足了村民的日常生活需求。村里的李大姐告诉我们，她就是把自家闲置的空房子租了出去，即一层的房屋租给一个外村人开蛋糕店和卖奶茶，每年房租 1.8 万元。村里的小学生在放学后，会经常光顾这些店铺。时间久了，大家关系比较亲密，甚至在 2020 年新冠疫情发生后还适当地为租客减免了一些房租。

其次是外来的租客到村里租房子用来居住。这个群体主要包括两种类型，一部分是周边高校的学生，另一部分是附近工地的施工队。除此之外，也有少量为了方便接送上幼儿园或小学的孩子而来万溪冲租房的家庭。

第一，由于万溪冲独特的地理位置，距离大学城比较近，而且交通方便，房价也不高，所以成为那些需要拥有独立空间的考研或者学习艺术类学生的首选。村民王大姐家的房子就出租给了几个艺术生，她说："我这三楼的房间去年租给学艺术的学生，叫她住二楼都不要，宁愿要三千五一个月的三楼，也不要一个月两千的二楼，因为三楼每间房屋都有独立的卫生间。现在孩子们更加注重生活的便利性而不是价格。小孩子们也很干净，搬走的那天，房间和没住过人一样。"

第二，由于万溪冲周边信息产业园区、居民住宅小区等单位修建基础设施等建设需要，会有一些临时用工的情况，这些施工的工人会选择万溪冲作为临时居住地。而且，这些工人的数量相比于学生来说要更多。魏大叔说道："他们在这边施工，就会在这边租房子住，比如他们有的家里有三四层，村民自己会住在三层或四层，然后对外出租一层或二层。一般他们会开两个门，这样互不打扰。施工队的人也会在房子里做饭，偶尔去农家乐吃。这些建筑工人居住的房子的卫生状况就没那么好了。"对此，一些村民如果在意自家房屋的卫生状况，可能会出租一段时间后便不再对外出租，但也有村民会为了收取租金而强迫自己忍受较差的卫生环境。

第四章

土　地

土地，是不可移动、不可再生的自然资源，具有生产功能、生态服务功能、维持农民的基本生计功能、支撑城乡社会经济发展和基础设施建设的空间需求功能等。根据土地用途，可将其分为农用地、建设用地和未利用地。虽然我国陆地国土面积居世界第三位，约占世界陆地总面积的1/15，但人均占有土地仅是世界人均占有土地数的29%。人多地少使得土地资源变得格外稀缺。因此，我国制定并多次修改了《中华人民共和国土地管理法实施条例》（以下简称《土地管理法实施条例》），以加强土地管理、保护与土地资源开发，合理利用土地。《土地管理法实施条例》于2021年7月2日完成第三次修订，其中对土地征收占用、耕地保护、农用地转用、宅基地管理、集体经营性建设用地管理等都做出了具体规定。例如：《土地管理法实施条例》第十二条规定，禁止占用耕地建窑、建坟或者擅自在耕地上建房、挖砂、采石、采矿、取土等，禁止占用永久基本农田发展林果业和挖塘养鱼；第二十五条规定，农用地转用涉及征收土地的，应当依法办理征收土地手续；第四十二条规定，集体经营性建设用地使用者应当按照约定及时支付集体经营性建设用地价款，并依法缴纳相关税费。

我国著名农村问题专家、被誉为“中国农村改革之父”的杜润生先生曾指出，“中国最大的问题是农民问题，农民最大的问题是土地问题。”土地，是大国粮仓的根基。由于农民拥有稳定的土地使用权，来自土地的收入成为农民最基本最可靠的收入来源，是家庭保障最基本的经济基础，也是农民最后的一道生活安全保障（鲍海君和吴次芳，2002）。长期以来，土地一直是农民工作和生活的重要场所、生存基础，是农民最为稳定的可持续生计保障，它不仅具有经济价值，同时亦具有非经济价值（陆继霞和何倩，2016）。拥有土地是农民与社会其他人群相区别的一个重要特征，也是农村家庭的核心秉性。土地不仅为农民提供基本的生活保障，也为农民提供就业机会。它为农民的后代提供土地继承权的同时，也对农民有资产增值的功效，其中既包括直接收益的功效，也有避免重新获取时要付大笔费用的效用（王克强，2000）。习近平总书记多次强调土地的重要性，2015 年 5 月，习近平总书记对耕地保护工作做出重要指示，“我国人多地少的基本国情，决定了我们必须把关系十几亿人吃饭大事的耕地保护好，绝不能有闪失。”这一章节我们将考察万溪冲的土地利用状况，包括万溪冲有多少土地，是怎么被利用的，在城市化进程中土地对村民而言意味着什么，等等。

土地利用

土地利用是指人类为获取一定的经济、环境或政治福利（利益），而对土地进行保护、改造并凭借土地的某些属性进行生产性或非生产性活动的方式、过程及结果（李平等，2001）。万溪冲的村域边界向北至缪家营社区，南至前卫营社区，东至澄江市的脚步哨社区、西至昆明市呈贡区大学城、天水嘉园小区及昆明西南联大研究院附属学校，村域面积共 9.09 平方公里（约 908.89 公顷）。

万溪冲村域内土地利用的种类较多，既包括耕地、园地、林地、居住用地、公共管理与公共服务用地、商业服务用地、公共设施用地等常见类型，也有草地、陆地水域、工矿用地等。社区的土地利用现状，基本上承袭了云南解放后原有的村庄土地安排，总体可分为“山上”和“山下”两个区域。山上是传统的农业生产区，耕地、园地、林地等农业生产性用地多数在山上。山下则是居民生活区，除了居住用地外，各种公共设施也主要在山下。当然这只是一个笼统的划分，山下平坦的地方有一些土地村民在进行耕种，但面积都不大，尤其是近些年来随着城市扩张，山下土地更为紧俏，可供耕种的土地面积日渐缩小。由于很长一段时间内山上用水和交通等都不方便，所以，除了看护山林、水库等有职责在身的人员，村里很少有人想住在山上。

正如《云南三村》一书中所描述的易村土地的分类，“当地人所谓田和地，是以种不种水稻来区别的，凡是种水稻的土地叫作农田，凡是不种水稻的叫农地。”在万溪冲村民的认知中，“田”与“地”的概念也不能画上等号。在万溪冲，村民口中的“土地”一般指农业生产用地，即一代又一代村民开荒而来的那些土地，开垦的荒地部分作为轮息地，部分则成为固定耕地，并开挖河沟，逐渐成为永久性耕地。村民们认为，靠山的是“地”，地势平坦且能栽种水稻的才叫“田”，其余的土地被称为“平地”。而在耕地概念中，部分包含了“田”的概念，也有一部分“地”的存在。从位置上看，万溪冲的耕地一般在离水源较近的平地上，因此较少。目前全村共有水浇地 13.99 公顷，旱地 11.20 公顷，只占到全村土地的 2.77%。万溪冲的地势和受水资源的限制都决定了万溪冲不宜于开展大规模粮食作物种植，尤其是水稻的生产，尽管在当地俗语中“三干不如一潮”，但水稻种植在该村不能成为农业生产的主流。

“园地”和“林地”是万溪冲比重最大的土地利用形式，位置主要在山上，山势陡峭的多是“林地”，山势较缓的多是“园地”。目前，万溪冲社区拥有果园用地 299.57 公顷，占比 32.96%，其他园地 1.57 公顷。果园用地中主要栽种梨树与桃树，在万溪冲村域内百年以上的古梨树仍有很多，目前仍能开花结果。“家有一老如有一宝”，这一俗语不仅用于人类社会，在梨树种植中亦是如此，根据村民的说法，老树上结的果品质更佳，在售卖时也会有更高的价格。万溪冲种植梨树种类较多，最有名气的是呈贡当地特色宝珠梨，此外还有黄梨、金花梨、海东梨、酸大梨、小球梨、小拐枣、小雪梨等近十种。桃树的种植面积相对梨树而言较少，并非每户都有，也不一定是连片种植，可能散布在梨园的一角或是零星几棵，品种主要是水蜜桃、大黄桃、白香桃等种类。此外，有的村民果园中还会零星种植一些如“柿子”“山楂”等果树。

万溪冲的林地面积较广，有 328.67 公顷，占社区总土地面积的 36.16%。根据村民和村干部的说法，自古至今村里人都从未把林业作为一项产业来经营过。在云南解放前山上的树木大都是自然长成，很少有人为的干预，树种以松柏居多。尽管山林在过去没有作为产业来经营，但其在村民日常生活中一直也在发挥着重要作用，在相当长一段时间内村民都需要到山上拾柴，山林给全村乃至周边村提供了重要的生活燃料来源。尤其是在云南解放前，村里有很多穷苦人家还依靠山上拾捡柴火去售卖来维持生计。新中国成立后，万溪冲的山林收归村集体所有，村上制定了管理规章制度，即每年雨季发动群众进行植树造林，并且采取育苗栽种、专业承包造林等方式，增加育林面积，从此，山林面貌大为改观、树木品种和数量都得到了前所未有的提高。改革开放后，人们的生活方式发生了变化，其中生活燃料逐渐以液化气、电等为主，而替代了过去烧柴的方式，万溪冲村民对于木柴的需求大大降低，仅靠梨园修剪枝杈就能满足，山林便很少有村民再去砍伐。

在居住用地方面，万溪冲现有宅基地面积19.1公顷，占全村土地面积的2.1%。村民居住区域主要集中在山下一片平坦的空间，东西纵向排开，从南到北一排排房屋被村庄内部硬化道路分割成一块块小的部分。万溪冲村域内确权登记用房共计518处，其中集体用房68处，占地面积合计27 721.44平方米，包括集体公共用房34处，集体住宅用房（安置房）34处。村民的宅基地450处，占地面积合计为66 385.84平方米，包括现存447处和已不存在的3处；在这些宅基地中，424处为一户一宅，23处为一宅多户（多个家庭居住在一起）。在万溪冲，村民的宅基地面积并不完全相等，有的农宅占地面积最高为178平方米，最低的则在120平方米左右。其原因在于宅基地在不同的规划时期要求不同，部分房屋是在原有地基基础上翻盖的，面积较大，而部分则是后期村庄统一规划的，面积相对较小。

此外，在万溪冲社区还有占地约为0.55公顷的小学和幼儿园，0.14公顷的回龙寺作为宗教用地，3.2公顷的丧葬用地等（图4－1）。尽管这几类土地利用形式并不能带来直接的经济效益，但是作为村民日常必不可少的生活场域发挥着重要作用。

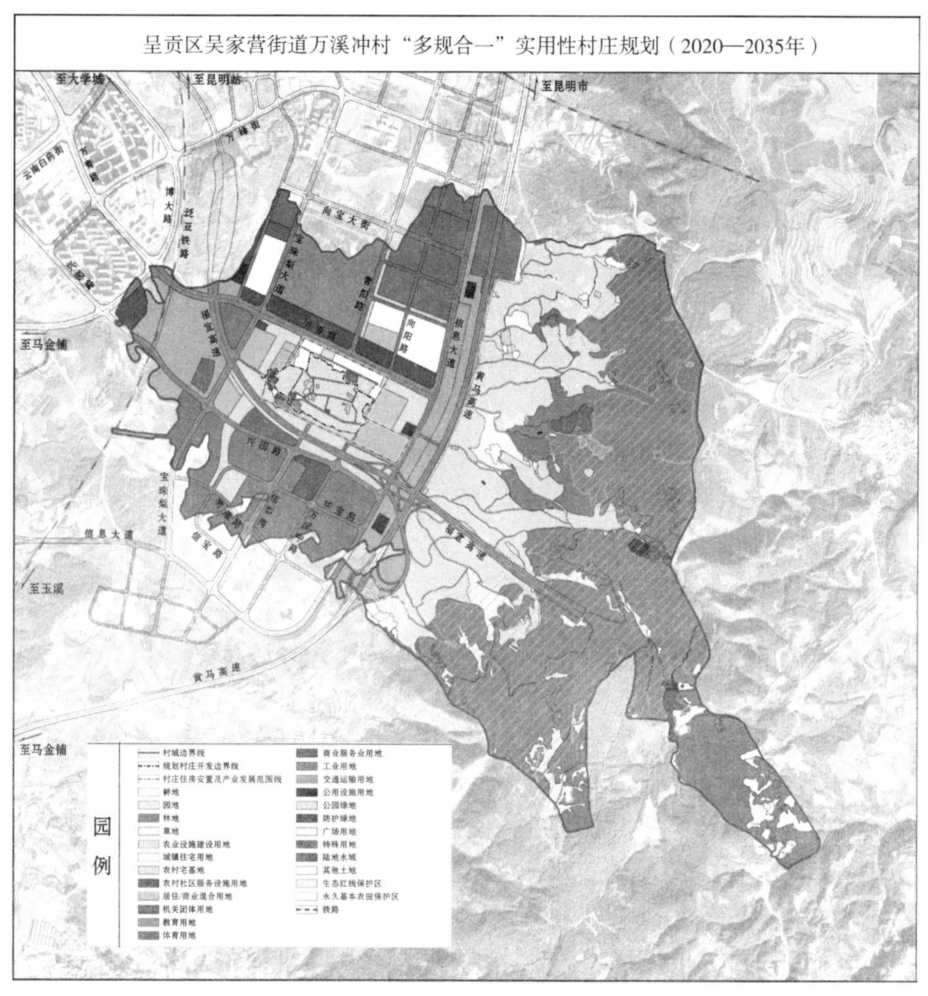

图 4-1　万溪冲村土地利用

征　　地

在这里，征地是指国家征用农民集体所有的土地。改革开放后，全国在 20 世纪 80 年代中期、90 年代初以及 21 世纪初曾出现三次“圈地热”，征地一度成为当时的热点话题（章友德，2010）。国家征地的原因有很多，按照《中华人民共和国土地管理法》第四十五条的规定，“有下列情形之一，确需征收农民集体所有的土地的，可以依法实施征收：（一）军事和外交需要用地的；（二）由政府组织实施的能源、交通、水利、通信、邮政等基础设施建设需要用地的；（三）由政府组织实施的科技、教育、文化、卫生、体育、生态环境和资源保护、防灾减灾、文物保护、社区综合服务、社会福利、市政公用、优抚安置、英烈保护等公共事业需要用地的；（四）由政府组织实施的扶贫搬迁、保障性安居工程建设需要用地的；（五）在土地利用总体规划确定的城镇建设用地范围内，经省级以上人民政府批准由县级以上地方人民政府组织实施的成片开发建设需要用地的；（六）法律规定为公共利益需要可以征收农民集体所有的土地的其他情形”①。简言之，为了公共利益的需要，政府可以按照法定程序依法征收农民集体所有的土地，并根据补偿标准一次性给予被征地者一定的货币补偿。

事实上，农村大规模的征地现象与国家所主导的快速城镇化进程有着密切的联系。尤其是城郊村落，伴随着城市数量的增加和城市人口的聚集，城市建设用地的需求增加，与此同时，城市土地的用地成本上升也对近郊村庄产生了一定的吸引力，村民期待村庄的土地被征用的意愿强烈。也就是说，一方面，征地为中国工业化和城镇化的快速发展提供了大规模的非农建设用地保障，也在一定程度上成为解释中国经济高速增长的一个重要因素（赵德余，2009）；另一方面，城郊村的村民通过被征地的过程也可能成为李小云和许汉泽（2016）在研究中所谈及的那种“富裕”户，而实现“阶层倒置”。总的来看，万溪冲的征地也是这种情况，在建村后的几百年间，万溪冲村几乎没有“征地”的概念。直到2003年，云南省委、省政府提出建设“一湖四片”“一湖四环”的重大战略，位于滇池东岸的呈贡区成为新规划中最大的新城②，并开始了大规模建设后，万溪冲开始出现了或大或小不同规模的征地情况。

在呈贡新区建设的近20年间，城市的基础设施不断完善。公路、铁路的畅通让昆明市民出行更为便捷。在万溪冲社区的周围，西南联大研究院附属学校等一批优质中小学校建成并招生，大学城及周边配套设施建成

---

① 中华人民共和国土地管理法，http：//www.npc.gov.cn/npc/c30834/201909/d1e6c1a1eec345eba23796c6e8473347.shtml.

② 呈贡区基本情况，http：//www.kmcg.gov.cn/c/2020－01－21/3913834.shtml.

投入运行，呈贡区信息产业园也完成了部分园区建设，已有企业投入了运营，城市如同摊大饼在不断外延扩张，其背后一个隐形的基础就是万溪冲数千亩的土地“蚕食”般地不断被征用。根据社区留存的档案我们可以看到，从2007年至2020年万溪冲社区已经历24多次征地，总征地规模达到3 500亩以上（表4-1）。在24多次征地中，既有建设呈贡区信息产业园将近3 000亩的大规模的征地项目，也有建设0.003亩的变电站的小规模项目。可以说，征地在万溪冲社区的社会变迁过程中发挥着重大作用，它不仅对农户生计来源、收入水平产生影响，而且也改变了村庄的面貌、村民的心态以及对未来的期待等，而所有这些又间接影响着未来万溪冲的乡村振兴进程。

表4-1　万溪冲村被征地的情况（2007—2020年）

序号	日期	征地项目	征地面积（亩）
1	2007年6月21日	高校教职工住宅第五批次征地	0.811 5
2	2009年6月23日	云大路征地	7.521
3	2009年7月28日	云大路征地	1.757 8
4	2009年11月30日	补征博大路	0.46
5	2010年2月28日	黄马路征地款	227.499
6	2011年3月25日	黄马路服务区征地	134.148
7	2011年4月29日	昆明铁路枢纽东南环线征地	34.105 5
8	2011年11月30日	基本户砖银塔电力220千伏松茂变电站进出线工程征地	0.39
9	2013年1月31日	基本户转来云大附中附小220千伏电力线路迁改塔基征地	0.39
10	2013年1月31日	信息产业园征地	1 288.060 5
11	2013年6月30日	铁路东南环线征地两权分离地	13.651 5
12	2016年2月1日	公交车保养场	106
13	2016年2月3日	补信息产业园争议地款	21.84
14	2016年9月2日	信息产业园二期征地	446.421
15	2016年9月2日	信息产业园区151号路一期、153号路二期	63.880 5
16	2016年9月2日	43号路（园区进场道路）边坡地征地两权分离地	1.837 1

（续）

序号	日期	征地项目	征地面积（亩）
17	2019年9月2日	110千伏变电站	0.003
18	2017年1月20日	云南师范大学二期置换用地	404.07
19	2017年1月19日	铁路枢纽东南环线二次补征及道路改迁项目	5.409
20	2017年3月27日	黄马路二次征地补偿款	0.313 5
21	2017年11月17日	福宜高速公路建设项目征地	166.714 5
22	2019年2月26日	尖峰山风力发电征地款	1.235 57
23	2019年12月20日	信息产业园万溪冲核心区二期一阶段征地款	646.537 3
24	2020年9月25日	信息产业园万溪冲核心区二期一阶段征地款（夹角地）	2.568
合计			3 575.624 27

那么，万溪冲社区的这些征地过程具体是如何开展的？征地赔偿款项是如何进行分配的？在征地过程中村干部、村民等不同利益相关者之间的社会关系是如何进行调节而控制社会风险的？对这些问题的回答将有助于我们了解社区内部的社会关系和社会治理情况。

第一，村干部最大限度争取合理的征地补偿款项并按规定进行分配。按照社区干部的说法，村集体在征地过程中扮演的是“配合者”角色而不是“主导者”，社区可以做的除了配合征地拆迁工作外，便是为村民争取更高的补偿。按照国家相关部门的征地标准，“早期征地补偿标准是6.5万元/亩，后来10.2万元/亩，再后来又增加到21.2万元/亩”。说起这一串数据，社区干部不需要查阅任何档案，随口说来，“由于经历了太多次的征地，征地的数据已经印在脑子里了。”事实上，社区在征地实践中也确实在为村集体和村民争取更高的补偿利益。例如，当年信息产业园来村里征地的时候，社区干部就要求对方做了一个“保证”，即现在征地的价格如果和未来正式用地时价格不一样，那就要按照国家规定的最新地价进行给付。这就意味着，在征地后如果国家规定的地价上涨的话，社区便可以要求信息产业园补上征地的差价。而这一举措得到了村民的一致认可，村民认为社区干部的这一要求是“有作为”的表现，在面对村干部动员征地工作时，抵触情绪就减轻了。而在分配上，社区则严格按照国家的有关规定进行分配，谁能分钱、谁不能分钱都有严格的执行标准。如何动员、如何进行公示、在哪里公示、公示多久、向谁反映情况、如何解决问题、如何进行土地腾退等，社区都有着一套规范严格的流程，这些都是按照《中华人民共和国土地管理法》中的规定开展的，并没有给村干部截留、贪污、挪用被征地农民的补偿款的任何操作空间，体现了征地程序上的公开公正。在这个过程中，村民认为他们的权利得到了应有的尊重，并获取了土地所有权人的应有回报，这是村干部和村民能够达成征地共识的重要前提和基础。

第二，村干部需要充分考虑如何妥善安置好失地农民。换言之，就是如何保障被征地农民原有生活水平不降、可持续生计有保障的问题。这个问题是征地过后万溪冲社区干部以及当地政府必须要考虑的，因为答案的好与坏直接会关系到社区的稳定。从社会保障的视角来看，当地政府、社区以及联合多家机构可以提供失地农民养老保险、创办居家养老服务中心、为丧失生活能力的失地农民提供社会救助等。从可持续生计视角，社区则可以考虑如何帮助失地农民提高谋生能力，增加土地之外替代性的生计资产，优化生计策略，帮助失地农民建立可持续生计等。万溪冲过去十多年的历史表明，通过村集体来帮助失地农民建立可持续生计的路径远比提供给失地农民养老保险等社会政策的难度要大得多。

而实际上，在帮助失地农民建立可持续生计之前，万溪冲还面临着一个更为现实的问题，即征地后村民之间土地不平衡的问题。在调研中部分村民说到，“我们村的土地，这个也占那个也占，占完了就没地方种地了。”“征地的赔偿款不是给我自己的，这个算是村集体的，大家一起平均分这些钱，每个人分的都一样，我分 10 万他们也分 10 万。”可见，这里面会潜在地存在一个矛盾，那就是村民既愿意因征地而获得补偿，但又会因为征地款的平均分配和农户间失地后产生的不均而感到心理不平衡。根据《中华人民共和国土地管理法》第二十六条规定，土地补偿费归农村集体经济组织所有。也就是说，征地之前家家都有土地耕种，现在要在村里征地，征走一部分农户的土地，获得了国家的土地补偿费，要给付给村集体并由村集体在村庄内进行平均分配，由此就产生了一个土地不平衡的问题。简言之，尽管在农户层面承包的土地面积仍按照1978年最初分地到户时的标准，但是农户在征地过程中失去的土地面积并不平均，而其征地款却又是在农户间进行平均分配，因此在征地过程中积累了不少的矛盾。这个问题如果不解决，帮助失地农民提高谋生能力以及让其心理平衡就很难谈起，原因有二：其一是这种做法直接导致了“不患寡而患不均”状况的出现，被征走土地的村民难以接受；其二是家中被征走土地的农民，多数只会种地，没能掌握其他技能，再就业的难度较大。

因此，为了解决上述问题，妥善安置好失地农民问题的关键在于重新平衡村庄的土地。2016年万溪冲社区多次召开相关会议进行讨论研究，最后决定对社区未征用土地采取先收拢后出租的方式来平衡社区群众利益，并结合《万溪冲社区征地补偿款分配办法》，制定了一份土地平衡的实施方案。其最终做法是，万溪冲社区辖区范围内的土地（含开荒地）及地上附着物由集体收回并统一进行经营管理，然后每年给村民兑付土地征收的平衡款。那么，村集体拿到如此多的地，都由集体种植显然是不现实的，即便成立诸如种植合作社、农业公司一类的经营性组织也难以保障有良好的效益，更不用说能够如约兑付土地平衡款。为此，万溪冲村集体在统一收回农户手中的土地后，再采取二次发包的形式将土地又承包给那些愿意耕种土地的村民，而村民所交的土地租金也作为全村的“土地平衡款”的资金来源平均发放给所有农户。在此过程中，村集体并非只承担“收地”和“发地”的角色，社区将土地收拢后，承诺会对田间道路进行规划建设，再进行土地出租，这在一定程度上健全了农业现代化设施，优化了村里土地的生产条件。

接下来的问题是，这些土地要出租的话，租给谁？围绕这一问题，在当时的万溪冲社区中也出现了不同的声音。其中一种声音是，既然这些土地是拿来收租的，那么给村里人和村外人是没有多大区别的，村外人给得越多，村民到时候分钱就会越多，这对村民来说是一件好事情，没必要设置身份上的限制；而另一种声音则回到了征地本身，认为村里既然是要平衡土地，让在征地过程中失去土地的农户重新有地可种，那就不应该把本就有限的土地再一次给“外人”，这样将无益于帮助村里那些失地的农民重建生计。当时，这两种声音在村内都有支持者，有村民描述道“那个时候吵得那个凶呦，就差动手了。”最终，在村里的会议上，更多人还是将票投给了第二种主张，即社区内所有的土地根据地形地貌和土地出租报名情况，将其划为不同地块并优先向本社区居民户出租。具体来说，是以黄马路为界限，黄马路以上土地有 2 911 亩（包括道路、地梗），黄马路以下土地有 2 458 亩（包括道路、地梗），共有 5 369 亩可以进行出租。按照当时万溪冲的村庄人口计算后，确定每人都可以承包 2 亩，即如果一个农户家里有四口人的话，就可以承包 8 亩。在此基础上，如果村里土地还有剩余、无人耕种的话，所有村民则可以再申请去租地，从而确保需要耕种土地的农户都能承租到土地。

因为是在村内平衡，所以地上附着物和青苗处置，就没有像对外出租那么严格地去划定价格。根据土地征收补偿的相关政策规定，村里在土地收拢时，地上蓄水池、水井、厕所、看守房（棚）、果树、绿化苗木以及耕种期间对改造土地的投入等，社区居委会不做补偿。对于所有要出租流转的土地，社区采取的是公开竞价的方式，即以社区规划的地块底价竞价。当时的场景用村民的话来讲，是个“大场面”。社区先是将村民划分成小组，一个小组对应着一片梨地，然后大家根据土地肥沃程度、设施完备程度以及地理位置等因素出价，每次竞价的标准是不得低于 50 元/亩，最终将由限时内的竞价最高者获得土地租赁和经营权。关于土地出租期限，根据村民共同商议结果，每一轮土地出租期限为 14 年，其间每 3 年递增一次价格，每次价格的递增是按上一年的地价增加 10%。并且，在承租期内，村民不得随意进行土地转租、不得改变土地原貌及用途、不得砍伐果树，如确需砍伐的，需报请居委会同意。若遇到国家征用土地或集体需要时，村民须无条件地将土地交回，而且在交回时土地上的附着物，社区不做补偿。按照社区的规定，土地承租期满后将收归集体，土地上附着物归集体所有，社区不做补偿。其他情形按国家相关政策（规定）执行。

由此，2016 年后在万溪冲需要耕种土地的农户便可以通过竞价“拿到”土地，而种地意愿不强烈或者因外出租地不想再在村里种地的农户，则可以拿到每年的土地平衡款，也就相当于地租收入。从此，村里因征地引发的土地耕种纠纷得以消弭，村庄耕地重新得到了平衡。

耕地中的果树种植

1978年在推行家庭联产承包责任制后，万溪冲每家每户都可以分到土地，人均8亩。这比中国南方很多地区人均1亩地或者更少的农村状况要好很多。在当时，村里还没有耕地、园地、草地、林地等划分的概念，分地的依据主要是看土地的肥力（地力），只要能耕种作物的都是“土地”。分地到户的过程中，谁家分得地块的地力高，分的亩数就会少些，谁家分得地块贫瘠，上面全是石头蛋，分的面积相应就大一些。但总的来说，每家每户的土地能生产出来的东西都是相近的，即便有些能分到“水田”，在水稻价格相对较低而水果和蔬菜价格较高的情况下，也很少有村民种植水稻。

在云南解放前，万溪冲也如同中国绝大多数村庄一样，以粮食生产为主，尽管那时产量较低，但填饱肚子始终是最优先要考虑的。云南解放后，尤其是改革开放后，万溪冲的土地经营结构有了较大变动，如前所述，在缺水的条件下即便是人均土地较多，单一种植粮食的收入也很难满足家庭的消费需求，多数农户都必须通过其他生产形式来补足家庭的开支缺口。因此万溪冲规模性地种植水果、蔬菜的生产模式并不是偶然的。事实上，选择多样化的农作物类别，是农户应对自然环境、气候和资源条件限制时所选择的土地经营策略，其直接带来的好处就是可以让劳动力在一年内各个适宜作物生长的季节都有活干，从而产生更多的土地经营收益。接下来我们以村民杨雄的生计活动为例，来说明万溪冲的村民是如何在村里进行土地经营的。

村民杨雄，53岁，是地地道道的万溪冲人，家中有两个女儿都已成年结婚，大女儿在外地租地种植大棚蔬菜，小女儿在村庄边上的呈贡信息产业园上班，老两口则在家侍弄土地。万溪冲社区自土地二次发包之后以家庭为单位每人可承包2亩地，杨雄抽签时手气不错，拿到了山下的8亩地，土地在山下既方便去劳作，又能自行打井灌溉，因此相较于山上而言优势明显，杨雄对此非常满意。在土地经营形式上，杨雄和其他村民们一样主要种植梨树、桃树以及少量蔬菜。

种梨是万溪冲村民最常见的生计策略，在村民杨雄的8亩地中，栽种着宝珠梨、甜黄梨以及少量的桃树。其中有一些果木是他在承包土地的时候一起承包的，这也是万溪冲社区土地承包的一个特色，即承包土地的同时也意味着要“承包”土地上种植的果树。梨树本身有“动土三年不结果”的脾性，加上万溪冲社区对于“宝珠梨”这一区域特色农耕文化的保护限制，在很长一段时间内很少有村民去砍伐梨树更换其他作物（图4-2）。

图4-2　万溪冲梨园

在万溪冲，每亩地一般会栽种10～20棵果树，根据杨雄的估算，8亩地的果树每年能收获2吨左右水果。不同水果的上市时间是不同的，从5月份开始一直到10月中下旬，都可以有水果不断成熟可以进行售卖，如果这段时期到万溪冲，可以在马路两侧经常看到卖水果的村民。5月份最先上市的是早熟桃，6月份万溪冲的桃子大规模上市，一般情况下6月底就全部卖空了。种桃子的目的是错开农时，增加土地的单位产出，这与种梨是不冲突的。7月份，一部分早熟梨就可以上市了，还有一部分“疏果”的梨，村民们不忍心自己的劳动成果就那么直接烂在地里，便将“疏果”过程中摘除的梨收集起来，拿到市场上换些钱。十几年前，一筐这样“疏果”下来的梨也可以卖到40～50元，现在市场上的水果多了，这种“疏果”下来的梨口感一般，也就没那么值钱了，有些农户索性让其直接自然掉落在地里烂掉。

每年的8—9月份，是梨大规模上市的季节。甜黄梨的上市时间约早于宝珠梨7～15天，因此可以给村民留出分批“处置”的时间。在售价方面，宝珠梨与甜黄梨的价格相差不大，上市初期，甜黄梨价格稍高，最高能够卖到12～13元/千克，在村口摆摊的平均零售价格是6～10元/千克，最后处理价格2元/千克也有村民愿意卖出去。2021年，村民杨雄对于梨树的收益没有太高期望。他认为天气过于干旱，这对水果的产量影响很大。

对于梨树种植这一产业发展，村里人都持悲观态度，在村民的生计策略中，很少有人是单纯种梨的。尤其是当水果的价格不断下降“不值钱”的情况下，有的村民甚至表现出失望情绪。“过去价格好的时候没产量，现在有产量了价格又上不去，大大小小的梨子卖完平均下来也就3～4元/千克，价格太低了”，村民杨雄感慨道。有村民说，“现在租到村里的地也租不赢人家，村里人现在都和外边的人一块租，村里的人是赢不过人家的。”换句话说，村外来的人租地给的价格要明显高于村民给出的价格，“人家给的钱太高了嘛，照人家那个价钱租下来你种不赢的，提工提劳的不算，像这边还好，1 500多元一亩租的（指着万溪冲幼儿园大门前的一片梨园），这片像今年租的租金都要3 000～4 000多块（元），租10亩就得3万～4万（元），10亩土地你种梨才能卖出多少？这3万～4万（元）只是租金，土地还要投资，农药、肥料10亩地得需要2万块（元），这样算下来10亩地的成本就得6万～7万（元），卖梨的话也卖不出来这些成本的。”

而那些村外的人来到万溪冲又是如何做到能赚钱呢？村民说道：“人家都是租地后把果树刨掉一部分，留一部分开农家乐。有的是在果园里做其他东西，就不单纯是种果树了，果树只是随便留几棵而已。如果这些人来万溪冲，像村民那样正儿八经地只种果树的话，这一棵树是卖不了多少钱的。打个比方，10亩地也就是产几吨梨，如果算1亩地最高可以20棵树，每棵树最高产出500元的话，一亩地也就收入1万块（元），去掉租金、去掉成本能剩的很少。”

在横向和纵向比较中，村民们对单一进行果树种植的收入现状都是不满意的，很多村民都表示“种梨已经没有什么盼头了”“明年不种了”，

“这个水果费工得很，一年四季都需要打药，现在已经是第二遍‘疏果’了。不丰产的时候打农药也得照常打几次，树上有虫子还要人工去弄药棉堵虫眼[①]。在挂果期，最少要喷6～7次药，如果不去打药的话，梨是没有卖相的，在市场上不值钱更卖不上价。”“摘下来整个梨果都是小黑点根本没人要，不喷农药不行，喷了农药就好点。”

为弥补种梨收入的不足，村民在种梨这项生计活动中衍生出了做梨膏、酿梨醋等梨的深加工产品。以做梨膏为例，在宝珠梨成熟后村民杨雄会在梨园里垒一个灶台，然后挑出个头儿偏小的宝珠梨。这些梨一般在市场上卖不出好价格，拿来做梨膏比较合适。2019年，梨膏的价格大概在10元/两[*]，当年杨雄家里做了2千克左右的梨膏，大概用掉50～60千克梨，最终卖了不到200元，但也还是要比直接售卖鲜果的收入多一些。

过去，有很多村民会带着村里产的桃、梨等水果去昆明市区里摆摊零售，但随着城市治理的日益规范化和严格，这些摆摊村民的“生存空间”越来越小，渐渐地在市区里的街边很难再找到这些摆摊儿的村民。另外，影响这种变化的原因之一是，万溪冲村里产出的桃子、梨等，在万溪冲摆摊能卖的价格相比于在城里反而会更高，所以，村民更不愿意跑到大老远的城里去了。这是因为消费者认为在村里卖的梨才是最正宗的“宝珠梨”，是万溪冲的宝珠梨，而在城里边售卖的梨就很难判断是来自万溪冲的宝珠梨还是从外地批发来的梨。简言之，失去了“宝珠梨”的品牌效应，同样的梨在不同地域的市场价格是不同的。

村民眼中的土地

从古至今，农民一直把土地视作“命根子”。古人语：宁送三石粮，不让一寸田。中国的农民尤其对土地有着一种特别的眷恋和情感。正是由于农民与土地之间这种唇齿相依、休戚与共的关系，深深影响着农民“重土、爱土、亲土、敬土”的日常生活实践。这一点，可以从费孝通先生在

① 用棉球蘸农药搓成条状塞到虫眼中，用以杀灭害虫，每年需要2～3次。

* 1两=50克。

《乡土中国》中的一段论述中看到，“从基层上看去，中国社会是乡土性的……土字的基本意义是指泥土。乡下人离不了泥土，因为在乡下住，种地是最普通的谋生办法……到了这最适宜放牧的草原上，依旧锄地播种，一家家划着小小的一方地，种植起来；真像是向土里一钻，看不到其他利用这片地的方法了……我们的民族确是和泥土分不开的了。”（费孝通，1998）

视土地为命根子是农民在长期的生活和生产实践中形成的固有的文化心态和价值观念。万溪冲历史上是几代人围垦出来的，村民对祖宗留下来的土地有一种特别的情结。尽管在城镇化时代，万溪冲这片土地已经经历了重新洗礼和改造，但在老一辈的传统农民身上，他们对土地持有的那份热爱和依恋是其普遍品质，似乎从未发生改变，这是影响他们行为习惯的深层次的文化因子。

68岁的杨大爷，是一个土生土长、地地道道的农民，一生务农。小学毕业后就跟着父母开始日出而作、日落而息的农家生活。在这片土地上已经生活了将近70载的村民杨大爷，跟梨园打了大半辈子交道，对养活一家老小的土地始终怀有敬畏之心和不舍的眷恋之情。1978年在村里承包土地时，杨大爷家里一共分得质量参差不齐的30多亩地。在分得的土地上，杨大爷除了种些水稻外，还种了苞谷、蔬菜等。其一家人每天从早到晚在地里劳作，从平整土地，到田间浇水、施肥、除草，他们都风雨无阻。杨大爷18岁时，村里要求村民直接栽果树，并告诉大家种植果树能卖钱。从那时起，杨大爷一家便开始种植宝珠梨。杨大爷爱地如命，勤苦耐劳。即便在盛夏之际，如果梨园里杂草疯长，他也会到田间去除草、施肥、灌水等，经常是到了晌午时间也不回家吃饭，一直等农活全都干完了才回去。中秋佳节，正是宝珠梨成熟的季节，天边的星星都还没落尽，他就起床上山去摘果子，然后又马不停蹄地挑着这些新鲜的果子赶往市场。临近严冬，宝珠梨已经全部销售出去，正是农闲的时候，杨大爷也不会闲着，顶着北风也要去给土地翻耕，一铲一铲，生怕地块被压实板结。为了种植好土地，几十年来杨大爷不改初衷、乐此不疲，从开春到秋收，从秋收到深冬，他几乎天天都泡在地里，挑水浇园、治虫追肥、土地翻耕，样样精通。

2007 年至今，随着村里的土地陆续被征用，杨大爷家的 30 多亩地全部都被包括其中。当村里开始重新发包土地后，杨大爷并没有因为自己年纪大和已经分得了补贴款而选择就此停止耕种，而是按着家里 5 口人、每人可以承包 2 亩的标准，从村里承包了 10 亩地。从原来耕种 30 多亩到现在的 10 亩地之间的落差，杨大爷经常十分感慨。他对城镇化中的万溪冲土地逐渐地被非农化的利用趋势感到惆怅，也对自己高价承包土地耕种的现实感到无奈，"现在承包土地一年一亩 3 300 块（元），真的，都是亏的！但是你不种一点又不行。大家都知道，人离了地是不行的，你坐在地球上，没有办法，政府要征地没办法，农民有了这块地是饿不死的，没有地你搞啥去啊。"杨大爷向我们倾诉着，"像我这种六十几岁的，人家不要我，我们这些人没办法，没有什么活能做。没有土地了肯定是不好的，我现在 68 岁，要是种地我还能挑动几十斤的担子，但是出去打工人家是不要的，有土地还是有保障的……虽然土地出不了多少钱，最少地里种一点菜还是可以吃的，是可以攒一点的。"经营 10 亩地所获得的收入，并不是杨大爷的生活所必需，其原因主要还来自其对土地那种深厚而质朴的感情，他每天无论有没有事情都会到自家的地里去转一转，这曾经是、现在是、未来也将是这位老人重要的日常生活的实践，也是体现中国农民和土地联结的最好例证。

和杨大爷的故事有相似但又有不同的是村里的一位杨大姐，她和家人与土地的故事事实上也代表着村里 200 多户的村民家庭。如前所述，10 年以前，村里的大多数人都还在自家几十年来承包的土地上种植宝珠梨，后来随着村里的土地不断被征用，村委会将剩余的耕地统一承包又再次向外发包后，村里 1/3 的农户都放弃了在村里承包土地的机会，而选择了外出到邻县去承包土地、种植蔬菜。这种现象在中国很多农村地区的土地流转过程中都存在，是一种"再农化"，即并非所有将土地流转出去的农户都会到城市务工或者说从农业部门转移到工业和第三产业部门，而有一部分群体会将自家土地流转出去后再去他处承包土地进行耕种（陆继霞，2018）。在征地之前，杨大姐一家靠着承包的几十亩地养活了一家人，无论是孩子上学的学费、伙食费还是家里的日常消费都是万溪冲这片土地上产出的。2010 年，杨大姐家里的所有土地被征用，无田可种。放不下土地的杨大姐带着一家老小在昆明市嵩明县内流转水田45亩，并将其改造成90个大棚用来种植生菜和油麦菜。杨大姐一家四口人在蔬菜大棚的边上自己建了个小房子用来居住，房子面积不大、空心砖砌墙、石棉瓦为顶，门口挂着的两串干辣椒已经晒得发白。就在距离小房子不远处堆放着一些淡黄色的蛇皮袋，里面装的鸡粪在燥热的空气里一阵阵散发出异味。即便这里的生活环境远不如在万溪冲的家里，杨大姐一家人也觉得心里踏实，其68岁的母亲在这里也不闲着，一起和子女种菜，她一边拖地一边和我们念叨说，“老农民，离开土地能整哪样？”这或许在一定程度上也是其腰里围着的蓝色围裙上的几个字“手里有粮，心里不慌”的另一种表达。如今，杨大姐两个已成家的儿子和儿媳妇都在嵩明承包农田种植蔬菜。和杨大姐一样，哪怕吃住再简陋，条件再艰苦，他们也都没什么怨言。当前，从万溪冲走出来的中年人、年轻人到云南省的嵩明、陆良、曲靖等地租地种菜的农户接近270多家，个个都是“种田大户”。事实上，这些农户外出承包土地耕种并不比之前在家里管理梨树轻松，种菜是个精细活儿，浇水、施肥、打药等很多环节都不能缺少，而且忙碌的日子贯穿全年而根本没有农忙与农闲之分。至今，万溪冲的村民们无论是在村内还是在村外仍然在从事农业生产的农户数量仍不在少数，因此说，在乡村振兴的规划和实践中要如何将这些人作为主体，发展新的产业业态，让收益留村，始终是需要考虑的一个重要议题。

第五章

宝珠梨

宝珠梨是万溪冲村的特产，也是万溪冲村的一张名片（图 5－1）。万溪冲种植宝珠梨的历史迄今已有数百年。但是，为什么宝珠梨叫作“宝珠梨”，宝珠梨为什么就成为万溪冲的品牌水果，而没有在其他地方落地？万溪冲村民和宝珠梨之间还有哪些故事？接下来我们将对这些问题的答案进行探寻。

图 5－1　成熟的宝珠梨

宝珠梨的传说

几百年来，围绕着宝珠梨的来源和生产等，在万溪冲社区里流传下来很多传说，每个传说讲的故事都很有神秘感，也都有一些“信徒”。以下几个传说是村里人讲得比较多的，我们进行了一些简单的梳理，供大家参考。

传说一：清嘉庆二十三年（公元 1818 年），万溪冲村附近的捞鱼河因暴雨成灾，冲毁了慈心亭，捞鱼河流域的缪家营、郎家营等周边 13 个村集资，在郎家营村东南的田中扩建慈心亭为慈心寺，并聘请佛教和尚吉英大师为寺庙主持，后因当地匪患，吉英和尚不幸被害（坟葬郎家营的高卷槽公路边约 100 米处，称和尚塔），慈心寺由妙海和尚接任主持。接任以后，妙海主持到大理找宝珠和尚求经、学习，宝珠和尚用大理雪梨招待了妙海，妙海尝后赞不绝口。宝珠和尚对他说，你认为好吃，回去可以带些梨蕊去嫁接。待回程时，宝珠和尚便赠予妙海一些大理雪梨蕊，他将梨蕊带回后在师父吉英坟旁梨树上嫁接。嫁接所结的梨子竟然异常香甜，颇受当地人喜爱。后人为了纪念宝珠和尚，就将这种梨叫作“宝珠梨”，并在郎家营、缪家营、万溪冲等地推广种植。这种梨果由于品优质佳，在当时被选为贡品上贡皇室，种植宝珠梨的地方也因此得名“呈贡”。故事虽有演绎成分，但大理雪梨与呈贡的宝珠梨确是“同形、同质、同味”，因此很多人对此深信不疑（图 5-2）。

传说二：村内也有老人说，故事中的宝珠和尚实为宋代高僧，宝珠梨是在元朝时被列为贡品的，当时与闽广荔枝、吴越杨梅齐名。清代光绪皇帝品尝宝珠梨后龙颜大悦，详细查问了宝珠梨的来历，得知宝珠梨是一个法号妙海的僧人引入培植出来时，亲题书一匾：“妙海庄园”（原匾上四个字是从右至左）四字赠予妙海和尚，挂在慈心寺大殿上（此牌现已损坏）。

图 5-2　宝珠梨传说壁画

传说三：村中有些老人讲，宝珠和尚的故事并不是指一个僧人，而是宝月和尚与莲珠和尚两位僧人的故事。元朝某年七月初二，大理鸡足山佛寺主持长老圆慧大师派他的徒弟宝月和尚到晋宁的盘龙寺祝贺开山祖师莲峰禅师诞日。十五日，途径呈贡时到伽宗城北大福寺拜见主持莲珠和尚。

二人到滇池畔的七星山上探讨佛经，一路看到呈贡当地的梨树的生长情况很好，宝月和尚说大理的雪梨味美多汁十分可口，许下要将大理雪梨树苗送来呈贡栽种的诺言。第二年的元宵节，宝月和尚精选了十六棵大理雪梨的幼苗，送到伽宗城大福寺栽种，莲珠和尚用它的树蕊与当地的清水梨树嫁接获得成功，新的梨果比过去更为可口，村民得知后纷纷上门求苗并在当地大量种植。后人为纪念两个和尚，从二人法号中各取一字，将嫁接后的这一品种取名“宝珠梨”。

传说四：村内有传，明朝建文帝流亡入滇后落脚武定狮山正觉寺，在由沐晟沐国公府往滇南临安府出逃的过程中，途经归化县时（于清康熙七年，1668 年并入呈贡县），恰逢烈日炎炎，一行人赶路赶得口干舌燥，忽然抬头望见山坡上长满梨树，梨树上挂满了硕大的梨子。建文帝便派人跟农人讨梨吃，吃过梨后顿觉神清气爽，疲惫感一扫而空。因当时身处险境，人心不稳，大家情绪低落，建文帝思考一番后，说是梨在关键的时候保护了他，并给梨“封”了个名号叫“保主梨”，以彰其保主之功，借此告诉身边的人，保护自己，自己不吝封赏。明朝灭亡后，当地村民怕“保主梨”与前朝有瓜葛，为村庄引来杀身之祸，便取其谐音，改名为“宝珠梨”。

传说五：村中关于宝珠梨还有一个颇为玄幻的故事：话说元朝初年的一个中秋节前，一位白发银须的得道老僧路过梁王山（万溪冲东南面的山），老僧顶着烈日坐在山上的一块巨石之上，每日打坐念经，钻研佛法，口干舌燥时老僧意念一种仙果止渴，随即施展法术，只见他用树枝在地上画了棵梨树，一夜之间地上画的梨树便长得枝繁叶茂，结出了累累硕果，而当时那棵仙树就是现在万溪冲宝珠梨的母树。时至今日，村民仍然能在万溪冲村庄东南的石头上看到当时遗留下的“仙人脚印”。

以上各种传说都是民间流传的一个说法。关于宝珠梨的来源，据村史记载称，万溪冲宝珠梨的种植至今有二百多年的历史。杨二的老爹杨坤是万溪冲最先引进梨蕊嫁接的人，自从村民杨坤引进种植后，很快就得到周围市镇人们的喜爱，梨的价格成倍甚至几倍的增长，万溪冲人拿宝珠梨去换大米、换月饼、换生活用品。村里人看着宝珠梨这一品种如此受人欢迎，就一家家地跟着栽种，至 20 世纪 40 年代时，宝珠梨种植已成为万溪冲村民的重要经济收入。据78岁的肖大爷回忆，云南解放后宝珠梨的种植在万溪冲得到了重视，在1972年政府将万溪冲这一片划为水果产区之后，宝珠梨的产量连年上涨，宝珠梨成熟时，村里总会停满来自周边的牛车、马车和拖拉机等，每天都有20～30辆大车到村里来拉梨。党的十一届三中全会后，实行联产承包责任制更是极大地调动了村里人的生产积极性，田间地角、房前屋后都栽上了宝珠梨，万溪冲最多时梨树种植面积超过一万亩。

记忆中的宝珠梨

昆明呈贡的宝珠梨声名远扬，呈贡人到外地，一说到是呈贡人，对方就知道那是生产宝珠梨的地方，甚至有些人相处熟后不喊名字，直接叫“宝珠梨”，宝珠梨几乎成了呈贡的代名词。说起呈贡宝珠梨，就必须要提“万亩梨园”万溪冲。因为万溪冲出产的宝珠梨在当地来讲，是最地道的，消费者购买宝珠梨专门认准万溪冲这个品牌。结果，随着时间的推移，不管卖梨的是不是万溪冲的人，都会说自己的宝珠梨是万溪冲的。

据《呈贡县志》记载，万溪冲村的地名称谓至今已有300余年的历史，而在老人的记忆和村史记录中，万溪冲宝珠梨引种历史也有200多年的历史了。在这里，宝珠梨的迭代发展改变了祖祖辈辈生活在这里的果农。村里的杨大爷回忆：“我记得我们当时还小的时候，全家才有9棵宝珠梨树，后面自己慢慢栽种，逐渐就多起来了。改革开放后，放开了限制，我们家家户户都在种梨树。”20世纪90年代，宝珠梨的批发价都高达5元/千克，而且在价格最好的时候，很多城里人都是开着拖拉机或者挑着篮筐到村里收梨，而且要关系好一点才能买得到宝珠梨，当时工厂等机构和单位在过节之际会将宝珠梨作为礼品赠送，需求量大，这也极大地刺激了村民们种植宝珠梨的热情。

据材料记载，以前云南省地方政府曾经用宝珠梨来招待外来的贵宾，例如柬埔寨的西哈努克亲王一生多次踏足云南，1965年亲王莅临昆明时，吃的就是宝珠梨。朱德总司令年轻时到昆明投考云南陆军讲武堂，从此便在云南生活了12载，在昆明的岁月里，宝珠梨给朱德总司令留下了美好的回忆。尤其是1957年当朱德总司令第一次回到他阔别多年的第二故乡——昆明时，一到呈贡，首先问的就是宝珠梨的生产情况。但是把宝珠梨演绎得最“奢侈”化的，大概要属外国文学研究家王道乾了，汪曾祺在《觅我游踪五十年》一文中忆及曾与王道乾先生同住的时日，他写道：“我和王道乾同住一屋，他当时正在读蓝波的诗，写波特莱尔式的小散文，用粉笔到处画普希金的侧脸头像，把宝珠梨切成小块用绳穿成一串喂养果蝇。”（汪曾祺，2020）根据汪曾祺的描述，尤其是用宝珠梨喂养果蝇的这一句，道乾先生的浪漫情调固然可知，只是太时尚超前，放到今天也恐怕没几个人能有那闲情和觉悟赶得上先生那个“范”。

古代读书人赶考，汇集京都，闽广人称颂荔枝，吴越人夸耀杨梅，云南人则讴歌宝珠梨，分别以玉女、星郎、梨中王喻之，所谓“闽广玉女含冰雪，吴郡星郎驾火云，云南更有梨中王”。便由此得来。

“天气常如二三月，花枝不断四时春”是明代文人杨升庵盛赞昆明的名句。而“三月的梨花，九月的脆果”，是万溪冲最得意的一张王牌。听村里的老人讲：曾经万溪冲这一整片全是宝珠梨树的时候，每年二三月份梨花盛开时就是一片梨花海，可谓“三月一片雪”，有着“忽如一夜春风来，千树万树梨花开”的气势，美不胜收，堪称春城“春的画卷”。从旧时的诗“雪梨金线鱼，乳扇大头菜，宣腿与普茶，朵颐咸称快”到如今传诵的口碑，人们对于宝珠梨的赞美之情流淌于内心、遵从于真实，无一丝一毫的夸张与违心。

云南省诗词学会理事裴国华的《呈贡诗词》中就对宝珠梨进行了赞誉（裴国华，2019）：

呈贡宝珠梨最美，汁多渣少味甘醇。
皮薄色翠逗人爱，肉白清香载誉深。
止咳化痰功效好，生津润肺疗通神。
劝君多培争高产，俏货远销跨国门。

此外，裴国华还为万溪冲创作了诗歌《万溪宝珠梨》（裴国华，2019）：

（一）

沉甸甸的心事

被没长牙齿的秋风
给吹破了
万溪冲的宝珠梨
悄悄地成熟了
要找婆家了

金灿灿的阳光
照耀在“宝珠”们的脸上
“宝珠”们
沉醉在待嫁的喜悦中
幸福的村
幸福的树
幸福的果
让一个秋天
甜甜蜜蜜
……

（二）

成熟的你
在这个金秋
尽情地展示
万溪冲因你
芬芳了
四面八方的游客
来万溪冲寻你
嗅你的香
尝你的鲜
品你的味

抗战期间，汪曾祺等人刚到昆明便也领略到了“满街都是宝珠梨”热闹的买卖场景。汪曾祺的《老味道》里，对昆明的宝珠梨有这样一段描述，“宝珠梨形正圆……‘宝珠’大概即由此得名，皮色深绿，肉细嫩无渣，味甜而多汁，是梨中的上品。我吃过河北的鸭梨、山东的莱阳梨、烟台的茄梨……宝珠梨的味道和这些梨都不相似。宝珠梨有宝珠梨的特点。只是因为出在云南，不易远运，外省人知道的不多，名不甚著（汪曾祺，2013）。”尽管汪曾祺没有对昆明宝珠梨的特点进行太多的描述，但从他简短的论述中，仍能够感觉到他对宝珠梨的欣赏和中意，透过文字都能感觉到那一份甜蜜。以前昆明卖梨的方法颇为新鲜，论“十”不论斤，“几文一十”，一次要买就是十个，三个五个不卖，有人说是因为卖梨的不会算账，零卖不知道多少钱，恐怕不见得，或许这只是卖梨的古朴习惯而已。虽然当今人们已经不再使用论“十”的方式来购买宝珠梨，而改为更富现代意义的礼品包装，但其留在几代昆明人记忆中的味道从未发生改变。

昆明人对宝珠梨的情感，犹如北京人对豆汁一般。以前在老昆明过中秋，做过贡品的宝珠梨在当地人的餐桌上有着同月饼一样的地位。那时候走在村道上或是南屏步行街上，时常会听到卖宝珠梨的吆喝：“卖宝珠梨喽～香喷喷的梨喽！”据说，宝珠梨园过去还有一个淳朴的风俗，即若是昆明人在宝珠梨成熟的时候去逛梨园，从树上摘梨吃是不要钱的，任你吃个够，只有带走的梨子才称斤算钱。随着时间的推移，这个风俗后来也就慢慢地消失了。近年来，宝珠梨核心种植区的自然生长环境发生变化，加之授粉昆虫的减少，宝珠梨果形变得不稳定、风味也变淡。“记得小时候吃宝珠梨，果核很小，不像现在很大一块，而且口感上的甜度也降低了。”跟村里老一辈闲聊起万溪冲宝珠梨的往事时，他们总会感叹：“以前这里一片全是宝珠梨树，现在地都被征了，实在可惜。”万溪冲的很多村民至今还对宝珠梨怀有一份特殊的情感，以及不忘宝珠和尚的善念和善心，这已成为一代又一代万溪冲人的思想印记，虽然世事在变，人们对宝珠梨的情感不曾改变。

一方水土养一方人，一方山水有一方情。宝珠梨，是万溪冲这方水土对万溪冲人的馈赠，更是万溪人心中固守的乡愁。当地人的生活是离不开梨的，就像宝珠梨离不开这片土地一样。尽管万溪冲的宝珠梨果园已经从早期的 1 万多亩减少到现在的 4 000 多亩，但有一点可以肯定的是，宝珠梨在时光的流逝中无声地记录着万溪冲的历史记忆，也见证着万溪冲在新时代的发展和成长。

宝珠梨产品

自古以来，气候温和、土地肥沃的呈贡，富产梨、桃、山楂、李、柿、枇杷等水果。其中最有名的当属宝珠梨，宝珠梨是昆明人引以为傲的地方特产，个大饱满，长得水灵，与现在大家都能吃到的北方鸭梨相比，肉质没有鸭梨细腻，但甜味更足，口感香脆，且汁水丰富，有“滇中梨王”和“梨中君子”的美誉。宝珠梨是一种晚熟品种，每年9月左右才上市，恰逢中秋佳节，所以在当地人心目中，宝珠梨如同月饼一样具有深刻的内涵和特别的意义。据说，宝珠梨也曾被人引种到其他地方，最后却是“橘生淮南”的结果。

万溪冲社区虽为宝珠梨之乡，但万亩梨园中还有金花梨、黄梨、海冬梨、小水梨、拐枣梨等30多个品种。在当地，除了新鲜的水果形式外，人们还将梨加工成各种各样的产品供自家食用或进行售卖，包括梨膏、梨醋、梨干、泡梨、煮梨、宝珠梨全席宴等，几乎家家户户都是做梨高手。

梨膏。梨膏是万溪冲社区一道民间传统美食。当地的人们介绍说，过去梨膏曾是宫廷内专用的药品，直到清朝由御医传出宫廷才流入民间。通常大家所熟知的是北京的特产——秋梨膏。秋梨膏是由秋梨（或鸭梨、雪花梨）和祛痰中药配伍加工而成的药膳饮品，制作过程中要加蜂蜜、砂糖、姜汁等辅料。而万溪冲的梨膏只选用宝珠梨，万溪冲30个梨品种，唯独宝珠梨做的梨膏才是上品，味道才够纯，并且不添加任何辅料或添加剂。入秋之后，正是万溪冲宝珠梨成熟的季节，家家户户的梨就会多得吃不完，家里的老一辈便会用流传下来的古法熬制梨膏。梨膏做法看似简单，实则费工费时，需要选用成熟完好的宝珠梨，洗净晾干、去皮去核，然后用锉刀把梨搓成渣滓，用干净的纱布将梨汁过滤出来，再放入大铁锅里用木柴大火快速烧至沸腾后，改用微火慢慢熬制，其间要用滤勺搅动过滤，观察梨膏颜色、黏稠度变化，直到梨汁熬制成棕黄色的黏稠膏状，待梨膏冷却之后再进行罐装（图5－3）。村道上，有时会看到一些老人用传统的法子手工熬制梨膏，或者售卖亲手熬制的梨膏。当有人上前询问时，他们便会热情地打开玻璃瓶盖，邀请品尝。老人会用牙签挑起丝丝连连的梨膏，给顾客吃到嘴里，梨的清甜伴着淡淡的焦糖香，口感极佳。宝珠梨做的梨膏具有生津降火、止咳润肺的功效。谈到梨膏，村民总会说道："宝珠梨做的梨膏是万溪冲的一大宝，我们这的人有个咳嗽、咽干口渴、声音沙哑，吃吃梨膏就好了。"为此，每年都会有很多昆明的市民专程到万溪冲来购买梨膏。

图 5-3　村民做梨膏

梨醋。万溪梨园中有一种梨名叫"酸大梨"，昆明人叫"酸掼梨"。酸掼梨和万溪冲建村史一致，距今有 300 多年的历史了，"都知道万溪冲以宝珠梨盛名，宝珠梨是当年宝珠和尚引进来的优良品种，而酸掼梨则是万溪冲原生老品种。可以说，宝珠梨是外来客，酸掼梨才是'土著民'。"有村民如此说道。酸掼梨，个头大，水分充足，熟果色泽绿黄，口味酸甜，倍受喜欢酸甜味的人的喜爱。不过，却鲜有人知道，万溪冲的传统美食——梨醋，事实上是由它制成的。但凡到万溪冲游玩的市民，一定会发现路边的小摊上，各种农副产品里总能见到几个矿泉水瓶，里面盛满金黄色的液体。好奇的市民向摊主一打听，老人家一定满脸笑容地告诉你："这是梨醋，我们自己做的，吃了提神又醒脑。"据说，以前老百姓没有什么先进的储存梨的方法，卖不完的梨就摆放着，等梨发酵后，村民发现这种发黑的梨的汁水酸甜回甘，将它用来拌凉菜更是口感清爽，别具一番风味。于是，"梨醋"就这样被一代又一代地传下来。

梨醋也是万溪冲民间一道传统美食调味品，色泽金黄，口感酸甜，清肺润燥。万溪冲家家户户几乎都会做，制作过程简单而且环保、生态。每年中秋节梨园丰收，把熟透的酸掼梨洗净后，让它自然发酵到整个梨变成黄黑色，再用干净的纱布将梨汁挤出来，放入土罐封存五六个月就可以了。每年三月梨花绽放时，万溪冲的游客都能来尝一尝上一年丰收果酿制的梨醋。

梨干。梨干是由宝珠梨加工所制的果干，加工简单，只需将挑选好的宝珠梨去皮、去柄、去心，然后切片，热烫 15～25 分钟后，再晾晒烤干。梨干口感酸甜，有嚼劲，是深受当地男女老少喜爱的一道零食。当宝珠梨季节过去之后，村民总会拿着自家制作的梨干来招待客人或赠送客人。当地人介绍："梨干也是一道美味的食材，梨干对清理肠胃十分有效，梨干自身带有的膳食纤维素能促进肠胃蠕动和消化吸收。同时有降血压、清肺止咳的功效。"

泡梨、煮梨。万溪冲村民将宝珠梨进行深加工的食品，除了梨膏、梨醋、梨干，还有泡梨、煮梨等。泡梨是将新鲜采摘的涩梨，清洗后选用山泉水或加中草药，各家有各家的配料，将梨泡到大缸或大盆中，炮制出来的梨果实均匀，皮薄肉厚，味道甜美，健胃脾、生津解渴。煮梨是将个头小、生吃十分酸涩的梨在锅里加上冷水煮至整个梨软烂再吃，是万溪冲冬日里舌尖上的美食。

宝珠梨全席宴。上述这些食品都是村民一年又一年、一代又一代延续至今的传统文化的结晶，是万溪冲村民固守的记忆和回忆，如今万溪冲人更是乐于用引以为傲的宝珠梨开发更多花式美食。最为隆重的当选宝珠梨全席宴，全席宴共有 16 道宝珠梨特色菜品。整个全席宴在突出宝珠梨甜美脆香特色的同时，结合了滇菜的传统文化和西式菜点的烹制手法，"色香味形"俱全，令人回味无穷。

图 5-4　宝珠梨菜品

呈贡豌豆粉是非遗美食，用梨醋制成的酸辣蘸水凉拌，或将梨肉与煎香豌豆粉“重叠相拥”，另有风味。宝珠梨与呈贡特产豆腐搭配制作的圆子和豆腐煲，也呈现出强烈的“呈贡清新风味”（图 5-4）。宝珠梨与扣肉、云腿、鱼头、鸡丁的结合，中和了肉的油腻，让肉沾满了梨的香气。金边宝珠梨八宝饭、拔丝宝珠梨、芙蓉宝珠梨羹、宝珠梨八宝银耳羹，将宝珠梨做成“甜甜圈”、披萨等，中西合璧，深受村民尤其是小孩儿的喜爱。宝珠梨汽锅肉丸的独特之处，是用云南饮食文化代表之一——汽锅烹制，则更具“云南风味”。上述这些菜品将宝珠梨与各种食物相结合，激发出宝珠梨悠久的历史沉淀出的独特滋味。

宝珠梨的文化节

休闲农业和乡村旅游业的发展近十年来增长迅速，游客数量从 2008 年的 3 亿人次增加到 2010 年的 4 亿人次，2011 年又跃升为 6 亿人次，2014—2015 年继续快速增长，分别为 12 亿和 22 亿人次（刘守英，2019）。随着万溪冲经济社会的稳定发展和交通环境的改善，游客流量逐年递增，尤其在每年春天的梨花节、秋天的采摘节，是万溪冲村最热闹的时候。慕名前来的游客不论是一家大小，还是青年学生群体，抑或是中老年长者，他们齐聚在万溪冲，欣赏近万亩的梨花海、体验采摘活动、购买当地土特产，听花灯、看表演。

梨花节

每年三月，万溪冲的“万亩梨花”都会迎来一年中最盛大的花季，万顷梨园竞相绽放、洁白如雪的梨园风光已经成了万溪冲的一张名片，可谓是昆明市民名副其实的后花园。昆明人对于一年一度的万溪冲“梨花节”，总是充满了期待。

2013 年，呈贡区在吴家营街道万溪冲村举办了昆明呈贡首届“万溪梨花节”，如今，呈贡区以梨花为媒，已经连续举办九届梨花节。梨花节一般在 3 月中下旬举行，活动第一天是开幕式，时间通常是上午 9 点到 11 点，开幕式结束后便进入正式活动环节，不同的子项目和各种游玩活动会在万溪冲社区内或村外的梨园里多个地点同时进行。

在万溪冲，每一年梨花节都有不同的新意和亮点，除了能领略到“千树梨花千树雪，一溪杨柳一溪烟”的梨乡风情之余，还有创意手工、梨花诗会、梨园观光、梨园汉服展、梨花油画展活动、“万溪梨园”读书会、孔子书院射艺传习、梨园“结艺写生活动”、万溪梨园花灯赛歌会、文学艺术作品和万溪春色手机随手拍集赞等农业体验和娱乐活动。万溪冲“梨花节”利用多样的方式让昆明市民记录下梨花美的同时，也在代际之间传承了宝珠梨文化。

“赏梨花、拍美照”是游客来参加万溪冲“梨花节”的主要目的，沿着万溪冲东南方向的山坡爬上去，到达山顶后梨花园尽收眼底。梨花海夹杂一些粉红的桃花镶嵌其中，美不胜收（图 5－5）。每到梨花盛开之处，都会看到男女老少忙不迭地拍照留影，到处都是欢声笑语，享受梨花带给他们的田园怡情。梨花节最有趣味的当属梨花诗会，在梨树下吟诗作对的文人墨客以“梨花”为题，声情并茂地朗诵优美的诗篇，以诗会友，伴着身着汉服少女的抚琴声和淡淡的梨花香，可以深刻地感受到呈贡梨园诗人的魅力和呈贡的文化底蕴。

图 5－5　万溪冲梨花盛开

每年万溪冲的梨花节时期，也是村里文艺队最忙碌的日子，为远方的客人们表演花灯是村里的特色文艺形式。万溪冲的花灯历史源远流长，具体有多少年，村里人也说不清。现在万溪冲文艺队传唱的几十个传统花灯剧目，都是老辈们流传下来的。对于村民来说，当然也不会错过在两次盛会上展销各种梨产品、特色美食和农产品的好时机。所以在宝珠梨的文化节上，都会看到村民在村道上或在梨园犄角旮旯撑起遮阳伞，支起小摊位，上面摆着万溪梨膏、万溪梨醋、万溪梨干、豌豆粉、向日葵、红豆等滇中农特产品和地道美食。有些随意的村民，则会在地上铺上一层薄膜摆上农产品，供来往人群挑选，自发形成一个小小的集市。人多时，卖家还会特意强调："这是宝珠梨做的。"

每年的梨花节期间，万溪冲沿街上每家每户院前要么干净清爽，要么布置着老木桩多肉盆景、石斛花、铁线蕨、传统农耕器具、古朴的酒缸、干辣椒、干玉米、筲箕簸箕……不经意的设计让村庄多了几分乡土气和烟火味，这也是曾经万溪冲梨花节时村民通过"一院一景"美化大赛的成果。游客走在万溪冲的社区内，既能赏"万亩梨花"的盛景，又能品万溪村民"一院一景"的村落闲情。

2021 年的梨花节，万溪冲社区还邀请广大市民认领宝珠梨树。认领后，市民可以拥有一年宝珠梨树的管护权，一年时间内可以自行养护宝珠梨树，亦可由社区托管，到秋天挂果后就能邀请亲朋好友一起来采摘认领的宝珠梨。

采摘节

"春来赏花秋品果"，春天到宝珠梨园赏梨花，秋天在百年果树下品果已成为昆明市民的一件赏心乐事。每年 9 月正是万溪冲宝珠梨丰收的季节，采摘节通常会在 9 月中下旬丰收节时开始举办。

同梨花节一样，2013 年至今，万溪冲社区已连续成功举办了九届"采摘节"。为期八天的采摘节除了体验采摘活动，还包括特色农产品推销、创意农业体验、农趣活动，梨王争霸赛等（图 5－6）。每年的采摘节，到万溪冲游玩的市民络绎不绝。游客不仅可以欣赏梨园风光，还可以吃到特色农家饭，如：豌豆粉、凉卷粉、凉米线、烧豆腐、水泡梨、梨园八碗等美食。早上来看看采摘节开幕仪式表演，下午在活动现场体验农事活动，晚饭吃个梨园八大碗，再买点宝珠梨回市里，通常是昆明人来万溪冲一天的完美行程。

"梨王争霸"是万溪冲采摘节的重头戏，也是备受村民和外来游客关

图 5-6 万溪宝珠梨采摘节活动海报

注和欢迎的项目。在宝珠梨王争霸赛中，由当地果农自愿报名参赛，由评委分别对参赛果品进行综合测试打分，最后在采摘节开幕式上公布梨王和它的种植者。梨王的甄选不单是比较梨的大小和重量，还会从外在果形、果斑、颜色、农残是否合格、内在糖分含量、水分等多个方面进行综合性的评比，但是“果子越重，所含水分越多，梨往往越好吃”这是果农几十年的种梨经验总结出来的。评选出来的梨王又分为大将军梨、骠骑将军梨、车骑将军梨、卫将军梨、中郎将梨和校尉梨。历届梨王单体重量基本都达 1 千克以上，果农得意夸赞：“梨王都有小孩子的脑袋大。”虽略有夸张，但能深深体会到果农对自己亲手种出来的果实的骄傲和自豪。在 2014 年第二届“万溪冲宝珠梨采摘节”举行的“梨王”拍卖活动中，经过多轮竞价，最贵的一个“梨王”拍卖到了 3 万元，拍卖的收入后来用作支持昭通鲁甸地震的灾后重建。

近两年，万溪冲的采摘节增添了许多年轻人喜欢的创意和亮点，例如把宝珠梨元素沉淀在文创产品、绘本、宝珠梨王联“萌”表情包、梨好邮局、主播带货等不同载体上。通过集合辖区内宝珠梨园及农家乐等地点，游客可进行手绘创意及标识，并制作相关文创产品。游客还可按照地图进行拍照打卡，发朋友圈集赞后到梨好邮局兑换礼品。

“因为办采摘节、梨花节活动，更多的人知道了万溪冲，原来很多人可能知道宝珠梨是呈贡区的，但不知道是种在呈贡哪个地方，现在周末来这里玩的人很多，村里变得热闹很多。”这是村民看到的村里这几年的改变。以前果农卖宝珠梨不仅要看收成，更要看行情，年景不好的时候，看着满树的梨都发愁。卖梨需要到村口叫卖，现在有些果农不再需要上街摆摊吆喝，光靠着回头客预订和朋友介绍，“坐”着就能把钱挣了。在采摘节期间，果农一天能卖出 10 多箱宝珠梨。不仅果农盼着过这个节，连城里人也盼着。

万溪冲每年的两次盛会虽说举办历史不长，但既是万溪冲数百年宝珠梨种植悠久历史、农耕文化的一种延续，也是一年一度全民参与共享丰收的喜悦，更是人们对万溪冲这片土地的关注和热爱。

第六章

社区组织

社区组织一般被认为是非政府组织或非营利组织，是适应社区的需要而产生和发展起来的，在城乡社区开展为民服务、公益慈善、邻里互助、文体娱乐和农村生产技术服务等活动的组织，具体可分为社区党组织、社区自治组织、社区中介组织和社区专业服务组织。其中，社区党组织是社区各类组织和各项工作的领导核心，由党员大会或党员代表大会选举产生；社区自治组织和社区中介组织一般包括社区居民代表大会、社区居民委员会、社区志愿者协会等基层群众性自治组织；社区专业服务组织是指社区内专门从事某一特定服务工作的组织，如社区服务中心、社区服务站、社区养老服务机构等。据《民政事业发展统计公报》数据显示，截至2020年底，全国共有社区服务指导中心503个，社区服务中心2.8万个，社区服务站42.1万个，社区专项服务机构和设施6.2万个，社区养老服务机构和设施29.1万个，基层群众性自治组织共计61.5万个。此外，不同类型的社区组织的功能主要包括为社区居民提供服务、提升社区的凝聚力、增强社区居民归属感和促进社区参与等。其中，为居民提供服务是大多数社区组织最基本的功能。

社区组织

万溪冲社区包括一个聚居的自然村，其居委会成员也是由原村委会成员直接转变而来，变革历程相对简单，且不论是村委会或是社区居委会都是社区自治主体，访谈中，有村民表示这对他们并没有什么太大的影响。

那么，类似于万溪冲这类村庄为什么要实行“村改居”，其改变的意义是什么，“村改居”后社区组织又发生了怎样的转变？这些是本节试图要回答的问题。

所谓“村改居”就是由农村村民委员会改为城市社区居民委员会（万厦和海平，2005）。也有学者提出，“村改居”社区居委会与村委会、城市社区居委会并不并列，其出现并非是由村委会向城市社区居委会自发演进的产物，而是我国城市化进程中政府所主导和推动的农村建制的村委会向纯城市社区居委会转变的过渡。20 世纪 90 年代以来，工业化和城市化的速度不断加快，客观上已对城市建设和城市发展提出了新的要求。大规模的城市建设导致对土地的需求不断增大，由此那些位于城市边缘的村庄被大量征走土地，失地农民开始出现。农民失去了赖以生存的土地后，生产、生活方式随之而发生巨大转变，由此，如何保障这部分村庄农民生存和发展，成为政府亟须回答的问题（杨贵华，2011）。在此背景下，“村改居”的概念开始出现，这种方式的目的是将失地农民纳入城市体系，逐步完成基层社会治理方式和公共服务模式的转换，以逐步推动城郊村融入城市当中。

在“村改居”过程中，万溪冲这类城郊村（社区）的组织职能发生了转变。根据《中华人民共和国村民委员会组织法》的规定，村民委员会是村民自我管理、自我教育、自我服务的基层群众性自治组织，其职责大致可以分为两个部分，一是管理与服务，包括调解、治安保卫、公共卫生与计划生育等工作。二是承担本村生产的服务和协调工作，促进农村生产建设和经济发展，管理本村属于村农民集体所有的土地和其他财产。而城市社区居委会一般是不具有发展经济的责任的，根据《中华人民共和国城市居民委员会组织法》中规定，其主要任务是组织居民开展自治活动，办理公共事务和公益事业，进行社区管理和社区公共服务。前后二者进行比较可以看出，“村改居”的过程实际上也是村委会原有职能分解和转变的过程，即在集体资产改制的同时剥离了其前身——村委会遗留下来的经济职能，而逐步转向社区管理和公共服务的职能，管理的范围和对象也从单一的村民，转变为包括村民和外来人口等居住在社区里的所有人员。与此同时，社会治理的各项事务也开始下沉到社区，如：协调开展社区共建、纠纷调解、社区文化教育；协助政府开展失地农民的社会保障和再就业服务，外来人口的管理和服务，困难居民的救助；协助政府部门及其派出机构开展计划生育、社会治安、公共卫生等成为社区干部的日常。当然上述这些职能的转变过程并非一蹴而就，就当下万溪冲而言，社区的经济职能仍然是十分重要的，例如充分利用其优异的区位条件以及自然资源开展特色种植和乡村旅游，从而推动社区经济建设仍是万溪冲社区组织重点考虑的问题。

从村庄转变到社区的过程中，万溪冲的干部人员构成也发生了变化。一方面，社区不断强化社区班子队伍建设，严格按照有关规定选优配强新一届“两委”班子成员，优化人员年龄结构与学历结构，提升社区干部队伍整体素质。另一方面，社区也在不断加强社区工作者的能力培育，大力实施农村社区“优秀人才回引计划”和“青年人才培养计划”。2020年社区进行换届后，新班子成员平均年龄41.7岁，均为初中以上学历。社区不断加强社区干部培养，班子成员均为在社区内有威信、有能力、有责任心的“三有”干部。近两年新招聘的4名社区专职工作者也都具有大学本科学历，为社区工作注入了活力。同时，在社区志愿服务、组织社区居民开展各类活动，以及在社区进行自我服务能力建设方面也发挥了重要作用。2021年6月底，针对社区蚊蝇较多的问题，社区出资1.4万元购买蚊虫消杀药品，并组织社区工作者和保洁人员一起对辖区内的公共卫生间、垃圾站点等重点公共场所进行每日消杀，每周五下午再组织村民对全村集中进行消杀。在社区组织的动员下，村民踊跃参与，领取药物后对各家房前屋后及周边公共区域进行药物喷洒。经统计，全村约90%以上的农户都参与了此次蚊蝇消杀活动，在连续三周后，村内蚊蝇的数量明显减少，村庄环境大为改观，游客进村少了抱怨，村民生产生活也更加舒心（图6-1）。

由“村委会”变为“社区居委会”后，如何在开展日常服务的过程中，密切联系社区内的居民，了解居民个体的特殊需求，从而实现公共服务的有效对接，让居民在遇到问题时能够在社区内部及时解决，进而达成居委会的职能实现，是摆在万溪冲干部们面前的一大难题。万溪冲社区在原有网格化服务管理制度的基础上，积极探索综合性网格化管理工作体

图 6-1　社区组织村民蚊蝇消杀

系，对社区内安全生产、卫生环境、矛盾纠纷、疫情防控等多个事项进行网格化精细管理。具体包括以下几个方面：一是整合社区安全生产宣传人力资源，建立组织网络，建立规章制度。在社区实行网格化管理以来，万溪冲社区根据自身实际情况，科学地将其划分为 15 个网格，社区书记为一级网格长、社区居委会委员为二级网格长，社区包片干部、安全生产信息员为三级网格长。二是社区网格长一岗多能，网格长作为党的政策在基层的“宣传员”、作为发现各类问题的“信息员”、作为化解矛盾纠纷的“调解员”、作为生产经营单位的“安全员”，高效率地为居民群众进行帮困解忧。三是坚持日巡查制度和周碰头会制度，网格长每天上班第一件事就是巡查所负责的片区，通过日巡查，每天都能第一时间发现问题、把问题解决在萌芽状态。每周一上午召开碰头会例会，由社区安全生产网格第一责任人或主管副主任主持召开，各个网格长对发现的不能解决的问题进行汇总、上报，大家共同商讨解决疑难问题。四是社区加大对网格化管理方式的宣传，加强了与群众沟通和交流，居民发现问题都能第一时间反映给社区并与网格长联系，从而为居民提供优质服务，推动社区治理良性发展。

集体经济组织

新中国成立70年来，我国农村集体经济先后经历了互助组、初级社、高级社、人民公社、专业合作社等各种形态。2004年我国法律规定农村集体建设用地可以进行土地流转以来，以专业合作社为主的各种新型农村集体经济形态开始出现。集体公司是农村集体经济的经营实体之一，是推动农村产业发展的重要依托。积极打造村级集体经济发展运行载体，能够有效增加集体收入，带动村民致富。与此同时，农村集体经济组织的发展，也能在一定程度上有助于降低社区内部的贫富差距，降低社会风险。可以说，村集体公司等集体经济组织的成立和发展是新时代经济社会发展的产物，是农村实现现代化的重要内容之一。

2012年，万溪冲社区居委会“两委”班子在充分研究了各级政府对万溪冲社区的发展规划与社区现状的基础上，于当年12月25日成立了昆明万茂农业科技发展有限公司。这是万溪冲社区的第一个集体公司，其运营项目涉及农业技术的研究、推广及应用、建筑工程、公路工程、施工劳务、公路路基工程、土石方工程等。在发起成立集体公司之初，有干部忧虑集体资源会外流，更有群众担心集体公司会演变为私人企业。对此，社区在规范公司经营管理体制上，首先考虑如何优化顶层设置，突出集体公司姓“公”而不姓“私”。经社区集体研究并经村议事会讨论通过，集体公司探索采取“社区＋公司”模式，集体公司由社区居民委员会出资建立，社区“两委”成员担任董事会，部分社区能人担任监事会成员。这样一来，“社区＋公司”的运作模式在确保社区对集体公司把握力的同时，可以充分发挥万溪冲的资源、人力、技术等优势，促进社区的群众就业，服务群众增收致富，助力社区快速发展。

市场化运作之后，万溪冲集体经济转变的不仅仅是经营方式，还有经营理念。在集体公司成立之时，便尝试将企业经营理念与运营方式用于村庄的经营上，在资源开发利用过程中拓展业务范围，使得集体能够合理分享资源资本化的增值收益。集体公司在管理上实行的制度是，重大事项采取董事会、监事会共同商议形成决议，交由公司成员组织实施，财务制度严格按照街道农经站要求完善相关的手续，做到每年进行年终审计。人事管理是公司运营的一项重要工作，为了搞好此项工作，公司建立了完善的管理制度，编制了详细的管理计划，并具体责任到人。这些制度的制定并非一蹴而就，由于没有先例可以参考，万溪冲集体公司的每个制度中的每项条款，都是由集体公司的董事会一字一字讨论后确定下来的。在人员配置上，公司在社区聘请了 33 个工作人员，有效推动了公司的发展，也为部分失地居民解决了就业问题。

万茂农业科技发展有限公司是万溪冲首家挂牌成立的社区集体公司，是增加群众集体收入的一次创新之举。在公司全体人员多年的努力下，集体公司从无到有、从小到大，如 2022 年利润可达 400 多万元。如前所述，2007 年以来万溪冲社区经历了大大小小 20 多次征地，每次征地都需要做土地平整工作，而这些土地整理项目急需有资质的建筑公司来实施。起初，这些工作都是由社区以外的其他公司来做，自从 2012 年万溪冲村集体公司成立后，开始摸着石头过河，渐渐地由最初主要运营土石方工程，不断拓展更多的业务，而最终将村庄在征地时的土地平整工程承接下来，使其成为村集体经济创收的重要来源之一。2019 年，万溪冲集体公司承接了信息产业园 2 号地块平整和云南师范大学置换用地的临时围栏工程和场地平整工程，综合其他业务一起，2019 年村集体公司实现了主营业务收入近 465 万元，主营业利润 71 万元以上，净利润 35 万多元的预期状态。

集体公司实现盈利后，每年会将资金投入到社区发展当中，除了为社区居民提供公共品、做好服务工作，改善社区居民的生产和生活条件外，也为农民收入的增长提供动力。2013 年，社区积极创建“民族团结进步示范社区”和“美丽乡村建设”之际，集体公司先后投入 500 万元资金到社区的基础设施建设项目中。2014 年，集体公司又投入 180 余万元作为社区建设资金建成了居家养老服务中心，为社区 60 岁以上约 265 位老年人提供无偿的日间照料服务。万溪冲社区每年为这些老年人开展服务需要约 110 万元的资金，数额较大，对此，社区专门召开了会议进行研究，在充分讨论之后，决定由社区集体公司来负责居家养老服务中心的全部服务资金，这为社区老人“老有所养、老有所乐”提供了强有力的经济保障。

2016年，为了解决村民出行“最后一公里”的问题，集体公司投入了400万元对环村道路进行硬化，使得昔日坑洼不平的土路如今变成了平整干净的康庄大道。此外，社区一直都面临着种果容易、收果难的问题，其中一个不利因素就是连接果园与收购市场的机耕路坑洼不平，严重影响了宝珠梨在运输过程中的磕碰和品相问题。2017年初，集体公司投入资金对果园道路进行修缮，从而又打通了果农销售宝珠梨的“最初一公里”。

除了建设社区公共基础设施、提供公共服务外，万溪冲集体公司每年都会在年底给社区居民进行分红，每人都有份、平均分配。2014人均分红300元，2015年人均分红500元，2016年、2017年人均分红1 000元，较2014年人均分红相比，上涨了233%以上。与此同时，当社区开展前述环境卫生整治行动时，村集体公司投入了20万元用于建设垃圾分类站，协同社区一道，对道路两旁垃圾堆、杂物堆、建筑物等乱堆现象，进行了统一规范、统一处置。

联 防 队

社区联防队是基层组织的一个重要组成部分。近年来，农村社会秩序持续稳定、治安形势稳中向好，但是在农村人口结构变化、新老社会矛盾交织、各种经济交往频繁的情况下，农村地区打架斗殴、入室盗窃、火灾险情等违法犯罪现象也时有发生，乡村治安防控体系建设任重道远。为了更好地应对各类风险隐患，有效配置社区资源，力图实现对社会矛盾的源头处置、预防预警，联防队作为社区的治安力量应运而生。

联防队是从事社会治安管理工作的民间防范组织，是社会治安基层基础建设的重要组成部分，是社会治安防控体系中的一支重要社会力量，是实现新时期社会治安群防群治的有效形式。治安联防队本质上是一种群众性的自防、自治组织，因此它的权力并非法律授权，而是委托所得，不能以自身名义单独实施具体行政行为。既有实践表明，农村联防队可以通过整合广泛的民间力量，预防和控制社会治安中的不稳定因素，有效缓解农村地区治安力量不足，在维护农村的社会安定，维护农民正常的生产、生活秩序方面起到很大的作用。

万溪冲社区自2007年起在依托社区干部、保安等基层力量的基础上，吸纳了一批作风正派、在社区中有一定威信且有调解能力的村民，开始组建村级治安联防队。自此，联防队伍成为万溪冲社区治安“第一道”防线守卫者。万溪冲的联防队共有9名队员，分为两个小组，日常主要负责社区的治安巡逻、道路引导、流动人口登记检查、蹲守疫情卡点、入户防范宣传、消防安全排查、森林防火巡查等多项工作，还要配合片区民警做好防火、防盗、防止矛盾激化的宣传教育工作。此外，在社区征地、摆摊点治理过程中也能看到他们的身影。

万溪冲社区的联防队是一支十分专业的队伍，不仅配有“联防队”涂装样式的巡逻车，联防队员在执勤巡逻时还需佩带“治安联防”标志和配备警棍、防暴盾、钢叉等必要的自卫器械。此外，每年街道都会组织联防队员开展专业培训，提高联防队员的业务技能水平和处置突发事故的能力。为了充分调动队员的工作积极性，减少其工作中的后顾之忧，社区还明确落实队员的工资及福利待遇，使其充分发挥在维护社会稳定中的第一道防线的作用。

“活儿（任务）倒是不重，但是我们这些人很重要”，一名联防队员称到。社区联防队的重要性在他看来主要体现在三个方面：一是社区治安的稳定。“别看现在社区很安全，之前这些年轻人脾气暴，就是喜欢在社区里‘打打杀杀’，村民对此意见很大。”从争斗双方的身份来看，有本村人之间的矛盾，也有本村人与外村人之间发生的冲突。总之，在联防队成立的前几年，社区经常有斗殴事件。“我们村里成立了联防队，附近这些村子里面的，他就不敢来我们村这闹事了，毕竟我们是正规组织嘛。”“村里有打架的，我们过去，他们还是服从我们管理的，我们每天开着巡逻车，亮着警灯，多数人看了以后都说安全。”从这一角度而言，联防队有效地防止了违法违规行为，掌握维护社区治安的主动权，确保了社区治安的稳定。

二是有效配合社区网格化管理体系的运行。2015年万溪冲社区为了推动社区安全工作上新台阶，社区在街道办事处的领导和区安委会的指导下，由党支部带领一班人积极探索安全生产网格化管理，制定了网格化服务管理制度，对社区内安全生产、卫生环境、矛盾纠纷等多个事项进行网格化精细管理，社区的联防队是其中的关键所在。村里的联防队员曾经给我们讲了一个故事："有一家贵州人租住在社区，他家儿子在18岁生日那天中午，陪他父亲还有几个同乡喝酒喝多了，吃完饭自己出来遛弯，然后就睡在回龙寺门前的草丛里了，一直到晚上都没有人发现，他家人也找不到急得不行。晚上社区有两小娃娃在那里玩，他们听见动静就过去瞧见了，那会社区已经下班了，然后社区联系到了我。我便第一时间过去，心里想着可别出事，出事那就麻烦了呀。于是我赶紧从家里面跑出来，到现场后维持秩序，检查一下他的呼吸，然后给社区的对接领导打了电话，并报了警。我们在那里忙活的时候，他家长跑了过来，好在最后只是虚惊一场。"从这个故事中不难看出，当社区面对突发事件、第一时间联系谁、怎么恰当处理问题等在网格化管理中得到了解决。联防队队员往往一岗多能，既是基层的"宣传员"，也是发现各类问题的"信息员"，还是化解矛盾纠纷的"调解员"，能够高效率地为居民群众进行帮困解忧。

三是坚持日巡查制度与公安联动，并通过微信群等网络途径将巡查结果、现场照片发送到对接社区的公安部门，能第一时间发现问题和解决问题。

社区联防队本身就是一种强有力的宣传，他们以强烈的社会责任感支撑服务于万溪冲社区居民。他们对群众积极投身维护社会治安活动具有良好的示范作用，从而激发更多的群众自觉参与到维护社区治安秩序的行动中来。同时，万溪冲社区联防队作为社区联系群众的桥梁和纽带，促使治安管理工作可以延伸和触及社区的方方面面。警力有限，民力无穷，万溪冲社区联防队成员都是来源于社区的群众，他们有着更多接触、发现和掌握社区治安信息的机会，从而利用其优势降低防范成本，提高工作效能。此外，社区联防队作为专业警务力量的一种补充，也有效地解决了社区治安巡防工作相对薄弱、警力不足等问题，从而营造了良好的社区环境，为万溪冲居民打造了安居乐业的平安家园。

文艺队

社区文艺团队是社区文化活动的重要参与者，是加快推进基层文化建设的组织基础和组织保障。在不断推进群众文化建设的过程中，民间文艺团队发挥着越来越重要的作用。万溪冲文艺队由当地热爱文艺的居民组成，以中年妇女居多。除了传承呈贡非遗文化遗产——花灯戏之外，文艺队与时俱进、不断创新，结合国家大事和当地传统文化，自编、自导、自演扇子舞、广场舞、老年健身操等文艺节目，内容丰富。文艺队除了平时的歌舞排练，还会承接一些村内外红白喜事活动中的表演。村里的文艺队不仅是队员学习、消遣与展示文化的载体，也为其他社区成员丰富文化和休闲生活提供了可能，已成为传承当地传统文化、民间艺术文明的重要社会力量。

据万溪冲村史记载，万溪冲文艺队较早是由村民自发成立的文艺组织，最早出现的文娱活动是唱调子，后来逐渐发展为男女对唱呈贡小调，直到 1935 年村中一些热爱唱花灯的人相约到外村学唱，学会之后开始回到村中演唱。他们在村子中心“唐门前”搭起戏台唱花灯，每年从三十晚上唱到正月初五，停几天后在正月十五和十六两个晚上又开始演唱。全村男女老幼都十分喜欢观看演出，场面非常热闹。但是，后来由于抗战等原因暂停了一段时间。1945 年村中喜爱花灯的一伙年轻人，从玉溪请来姓潘的老艺人教大家学唱玉溪花灯，这次由于有老艺人的亲自教授，文艺队的人们比以前唱得更好了。除了春节、正月十六在村中演唱外，还常常被邀请到宜良、汤池、阳宗等地演唱。那个时候人们都很喜欢听花灯戏，听完还会给花灯队送瓜子和粮食。直至云南解放后，这支花灯队依然受到群众的喜爱，并以老带新培养年轻的花灯戏爱好者，多年坚持演唱，花灯戏就这样一代又一代地传承下来。1951 年郎缪乡成立了妇女委员会，那时万溪冲属于郎缪乡的一个村，本村李兰英（沈大妈）是乡妇女委员会委员，1961 年万溪冲单列为生产大队后，才建立万溪冲生产大队妇女委员会，自此，村里文艺队便在妇女委员会的指导下工作。

1978 年以后，村里的花灯队重新开始演出，沉寂了多年的戏台又开始热闹起来。2000 年，村里对文艺团队进行重组，招纳了 40 名成员，包括老、中、青三支文艺队伍，专门负责花灯表演。从此，万溪冲文艺队以其独具的地方性、便利性、可参与性等优势，全天候全过程地服务群众，不断回应和满足着村民日益增长的精神文化生活需求。每逢春节、元宵节等传统节庆和民间庙会时，他们除了学习和演出一些如舞龙灯、跳花灯等传统优秀剧目外，还编排一些宣传政策法规的花灯歌舞、小戏，把政策宣传的内容融入老百姓喜闻乐见的花灯戏当中，从而在娱乐身心的同时，完成政策宣传的任务。据村民讲，那时候村里有专门的大礼堂供花灯演出，后来大礼堂被拆除后，为了满足村民的精神文化需求，为具有文艺爱好的村民们提供一个展现自我的平台。万溪冲人又建了一所“客房”，“客房”是村民们举办红白喜事的场地，“客房”里还专门搭了戏台子，逢年过节就在里面唱花灯。大年初一、初二、初三和元宵节，是固定的唱花灯的日子，每天表演两场大戏，一出戏表演 2 个小时。文艺队的花灯演员大多跟着长辈学过，对《三访亲》这类古装传统剧目表演起来得心应手。在良好的文艺氛围下，文艺队队员们在艺术形式上也有所创新，可以表演很多现代小戏和花灯歌舞。

2013 年以来万溪冲每年举办的梨花节和采摘节，都是村里的文艺队最忙碌的日子，花灯队会在这两次重大盛会上为远方的客人们表演花灯。花灯是村里的特色文艺形式，也是呈贡非物质文化遗产，通过表演花灯迎接万溪冲梨花节、采摘节的到来让文艺队员们感到非常自豪。万溪冲文艺队现在传唱的几十个传统花灯剧目，都是老辈们流传下来的。文艺队负责人唐继萍的妈妈已经把几个手抄的花灯本子保留了半个多世纪。她从十多岁就开始唱花灯，后来加入了村里的花灯队。为了把这门传承上百年的艺术保留下来，唐继萍和姐姐拜访了村里所有会唱花灯的老人，她们会把老人们唱的花灯唱词记录下来，再把剧本整理出来。其中花灯歌舞《呈贡新城新气象》作为非遗项目，已被列入国家非物质文化遗产保护名录。

近年来，尽管国内的戏曲活动较为低迷，但由于花灯在呈贡有着深厚的群众基础，其在万溪冲尤其是中老年农村妇女中越演越盛。文艺队以自身的艺术创作和文化服务，丰富着万溪冲人民群众的精神文化生活。同时也以这种方式培养和树立群众对传统的认知，加强社区居民尊重传统、继承传统、弘扬传统的思想观念，增强村民对中华优秀文化传统的认同感和自豪感。

除了在重要的传统节庆日唱花灯之外，万溪冲的一些村民每周一晚上也会聚集在村里的“客房”排练节目、跳舞，开展老年人健身等娱乐活动。日复一日，年复一年，万溪冲村民之间的关系也因此在潜移默化中得到了加强，感情变得更加融洽。慢节奏的乡村生活氤氲在恬淡的文化氛围中，时常引得四乡八邻趋之若鹜，不仅愉悦了人们的心情，还带活了村里梨产品、豌豆粉、炸洋芋等小本生意。

多样性的文艺活动并非只是万溪冲社会历史积淀的结果，调动生活积极性、肯定生活的意义，成为万溪冲文艺活动得以持续存在的基础和重要动力。随着居民生活水平的不断提高，跳广场舞等健身、娱乐活动成为社区居民文化生活中必不可少的组成部分。为了满足人们日益增长的文化需求，在社区妇女委员会的关心引领下，文艺队从一支单一的花灯队逐渐发展成为综合性的文艺团队。2017 年，社区妇联顺应社区居民需求，组织成立了特色文艺组，并聘请老年大学舞蹈老师进社区为村民们进行舞蹈培训。以前，文艺队成员更多只是在重要节日里才表演花灯，农闲时的娱乐活动也较为单一，但在文艺队成员的多年努力和社区妇女委员会的引领下，文艺队不断丰富和发展文艺活动的内容，这些活动不仅满足居民娱乐身心的需求，也起到锻炼身体的作用。当前，花灯队也逐渐突破了原先自娱自乐的局限，而逐步探索出了“花灯队＋表演＋收入”的一条新路，一方面为保护和传承美丽乡村建设中的传统文化添砖加瓦，另一方面在某种程度上也重塑了社区妇女的社会文化生活。

第二部分
都市驱动型乡村振兴实验

2019 年昆明市人民政府与中国农业大学签署合作协议，试图充分发挥各自优势，积极探索都市驱动型乡村振兴模式创新试验区合作共建，都市驱动型乡村振兴实验是校地合作的一次尝试性探索，旨围绕“八大机制”，在高校智力投入和地方政府经济支持的基础上，通过引入现代性的理念，将城市的资金、技术、人才等资本和新业态的产业引入乡村，从产业、人才、组织、生态、文化等各个方面振兴乡村，从而真正促进城乡互动、城乡要素流动，实现城乡共促乡村振兴。

第七章

产业延伸　增值留村

农村一二三产业融合发展是构建现代乡村产业体系的重要路径。要实现这一点，需要延伸农业产业的链条，挖掘农业的多功能性，促进产业间的融合，开发新业态的产业和新产品，以及新的商业模式。这既是撬动乡村农业资源、释放城市消费动力的引擎，也是实现城乡互动的桥梁和纽带。根据《全国乡村产业发展规划（2020—2025 年）》，云南省计划将呈贡区定位为优势特色农产品重点建设区域。

如前所述，宝珠梨是万溪冲的特色，也是万溪冲的标签，是万溪冲有别于中国其他千千万万个乡村的宝贵文化资源。宝珠梨作为万溪冲村的标志性产品，每年的产量大概在 9 000 吨左右，过去几百年来的生产模式一直都是通过传统的种植和销售模式，被消费者所认知和接受。然而，相比于国内其他地区的一些特色农产品，如新疆库尔勒香梨、安徽砀山梨等梨界“顶流”和“翘楚”，万溪冲的宝珠梨，如同山东阳信的阳信鸭梨、山东莱阳的莱阳梨、陕西蒲城的蒲城酥梨等，更具地域性和小范围的知名度，而尚未成为全国知名品牌，其产品价值仍然徘徊在较低的价格区间，农民收入有限。换句话说，宝珠梨的销售方式多以村民街头销售鲜果或商贩收购的方式进行，以散装的包装为主，散装形式的包装简陋，销售渠道有限；相比于国内其他品牌的梨产品而言，价格较低，通常是 5～8 元/千克；并且销售季节主要集中在 9 月至次年的 1 月之间，销售时期短。

由此，实验项目的重要内容之一便是通过开发宝珠梨种植的多功能性，以及延伸宝珠梨的产业链的方式，包括与宝珠梨相关的深加工食品的开发、储存、品牌建设；“互联网＋”的电子商务销售途径和销售范围的拓展；产品包装的设计等，从而在延伸宝珠梨产品的产业链的基础上，提升宝珠梨及其深加工产品的品质和销售价格，进而实现村民收入增加、能分享更多产业增值收益的目标。

“玩转”宝珠梨

项目设计之初，我们在村里与村干部和村民等进行访谈后发现，如果单纯依靠以往那种方式种植和销售宝珠梨，很难实现产业兴旺的目标。因此，必须要给它重新进行品牌赋能，围绕宝珠梨文化发展新的产业业态，进行一二三产业融合发展，才有可能带动整个村庄实现产业兴旺。宝珠梨作为万溪冲的地理标志，又是呈贡宝贵的文化品牌，围绕着宝珠梨来做文章，才能在产业发展方面有新意、有卖点，当地政府工作人员、社区干部和村民也都认同这一点。我们需要充分考虑到人们的食物消费理念的变化以及水果市场的供需状况等社会现实，以前昆明人吃宝珠梨是“没得挑”，基本上是食在当地食在当季，但现在人们购买水果的途径多元、选择多样，吃宝珠梨已经变成了“吃情怀”，是为了追寻舌尖上的记忆。

那么，如何实现万溪冲的宝珠梨这一传统产业的新业态新发展呢？事实上，这也是实验中要解决的两个重要问题：一是在新冠肺炎疫情影响下宝珠梨如何能够全部销售出去；二是如何开发一些新的宝珠梨相关的食品，增加宝珠梨的附加值，提升其总体收益和价值。在新冠肺炎疫情暴发前，万溪冲的宝珠梨销售基本上都是依靠鲜果零售或批发，以及少量品相不好的梨通过制作成梨膏、梨醋等食品的方式进行销售，虽然价格不高，但销路不存在问题。如今，受到新冠肺炎疫情的影响，来自村外尤其是来自越南、缅甸等东南亚地区的商人不再来村里进行采购，即便昆明市民来消费也没有以前那样喧嚣的场面，由此，要么必须限时售出、要么用大规模的冷藏设施储存，在两个条件都无法满足的情况下，具有几百年美丽传说的宝珠梨的销售面临着新的困境与挑战。因此，要想提高万溪冲村民种植宝珠梨的收入，必须要在价值链的各环节上进行全面提升，包括从销售市场拓展、产品包装设计和果品质量分级等方面着手，全面打造崭新的宝珠梨产业业态。

万溪冲社区的支书曾说，“在此之前万溪冲的宝珠梨很少有能卖出云南的情况，村民们也曾打过主意在网上销售宝珠梨，但大多都失败了。”究其原因在于，一是宝珠梨在省外的品牌知名度太低，竞争品太多，价格在同类型产品中也不占优势，鲜有人问津。二是运输环节没有打通，普通快递太慢，宝珠梨摘下后放置几天后样式不美观，且在路上磕磕碰碰，坏果率非常高。而诸如顺丰冷链运输这类相对较为稳妥的运输方式，价格又十分昂贵。例如，从昆明寄到北京，一箱5千克的梨运费加包装就需要40元，而这一箱宝珠梨以8元每千克的“高价”计算，价格也不过40元，运输费用与水果自身费用几近相同。这种情况下，除了我们这些北京来的师生，不知道还会有谁会如此“奢侈”地想品尝一番万溪冲的宝珠梨。

可以说，如何帮助村民把梨卖出去，并且盘活社区众多资源提升宝珠梨的销售价格和品味，是项目初期我们最头疼的问题。为此，我们天天在村里溜达，询问村民、游客。最终，大家一致认为万溪冲的宝珠梨要想盘得活、玩得转还得两条腿走路：一是把人“引进来”，让市民来村里买梨消费；二是把梨“卖出去”，通过提升价值和打通物流通道等，扩大市场。

首先，把人“引进来”需要有吸引游客的“点”。过去万溪冲社区在昆明市并非籍籍无名，作为“昆明市的后花园”，在老一辈昆明人眼里是个久负盛名的果乡。但这种“名气”对万溪冲又有一定的限制，这是因为当地人对于万溪冲的印象仅限于梨的两个阶段，一个是梨花盛开的季节来赏花，一个是梨丰收的时候来吃梨。由此形成了刻板印象，除了“两节”以外很少有人到村里来逛一逛，甚至存在留不住游客的尴尬境地，他们要么买些土特产要么转一圈就走，基本上不会在村里有什么其他消费活动。换句话说，过去的万溪冲社区是留不住游人，更留不住游客的“钱包”。那么实验需要做的便是，能够在梨花盛开、梨果飘香两个季节以外以及除这两个事物以外可以有留住游人的东西，也就是延长宝珠梨的产业链，让村庄能有更多的可玩性。初步计划从两个方面来改变当前的局面，一方面是打造万溪冲宝珠梨绿色品牌，设计一个专属于万溪冲且令人印象深刻的品牌LOGO，从而利用品牌为宝珠梨赋能。另一方面是围绕宝珠梨文化打造村庄的配套设施，发展旅游配套服务，增加游客在村里的游玩兴趣和停留时间。例如，打造以“梨”为主题的乡村商业步行街，以“梨”为主题的邮局以及村庄内的各种“梨元素”场景打造，等等。目的非常简单，就是为游客营造多元的体验场景和消费空间。换句话说，需要有一些具体的娱乐消遣的设施和活动，能够把市民吸引到村里的同时，也让他们的需求能够得到满足，例如餐饮、购物、休闲、娱乐等最基本的一些内容，让来到万溪冲的游客既能有得吃有得喝，也能有得玩儿，全方位地满足市民郊区旅游的多元需求。

其次，是把梨要“卖出去”，如通过与物流公司合作、打通宝珠梨的外销渠道。在实验的第一年，因为多种原因，宝珠梨的网络销售并没有达到预期，具体原因包括我们错估了宝珠梨的网络销量，与快递合作公司没有完成预计的销量指标，以及因快递包装的设计上出现问题而导致坏果儿的比例比较高等。第二年，社区吸取教训，经过多方协商最终与中国邮政达成合作，决定走速度快、成本适中的冷链物流，以确保宝珠梨的新鲜度并减少运输过程中的破损率。物流打通后，村民在淘宝、抖音直播等平台纷纷进行了尝试（图 7－1）。

图 7－1　直播销售宝珠梨

此外，实验中还在村庄内尝试了“宝珠梨认领”的活动，即市民可以支付 800 元认领一棵宝珠梨树，挂牌后委托村民照料，丰收之际市民可以带亲戚朋友来一起摘梨，享受丰收的乐趣。

打造商业街

2019年8月，国务院办公厅发布的《国务院办公厅关于进一步激发文化和旅游消费潜力的意见》中指出，要从供需两端发力，不断激发文化和旅游供给增强人民的获得感、幸福感。并且，强调要丰富夜间文化演出市场，优化文化和旅游场所的夜间餐饮、购物、演艺等服务，鼓励建设24小时书店，改造提升多功能、综合性新型消费载体，扩大全国示范步行街改造提升试点范围。

万溪冲的乡村振兴之路定位为“万溪梨镇”，是希望在村里打造以宝珠梨文化为中心的各种商业元素。万溪梨镇的概念是一个对接城市功能的概念，这样就可以把乡村与城市连为一体，避免乡村的文化彻底被城市所吞并。这样一个思路看起来在城市化的面前有些无奈，但是可以在很大程度上借助城市的动能来保持乡村的活力。在这个设计中，以梨文化为中心的商业步行街就成了万溪梨镇最为核心的抓手。我们希望通过这条商业步行街带动餐饮、咖啡馆、博物馆、环宝珠梨园自行车道等不同项目的发展；围绕着宝珠梨开发出数百种梨文化小商品；依托商业开发保存宝珠梨农耕文化、滇中“一颗印”建筑、节日仪式、服饰等不同的传统文化形态，从而对万溪冲已有传统的梨花节、采摘节两个维度进行时间和空间上的延伸和拓展，进一步开发和提升宝珠梨文化的商业价值（图7-2）。

图7-2　游人在商业街拍照留念

建设。在明确商业街的发展定位之后，社区便开始了商业街的选址和建设工作。商业街的位置选在了万溪冲西侧入村的位置，也就是村庄原有的入村主干道。商业街规划建设结合万溪梨镇的特点，以传统特色建筑风貌为主调，并将古典建筑与现代商业相结合，目的是为了让古建筑焕发新生机，留住万溪冲的文脉乡愁。2021 年 4 月，万溪冲采取建设临街铺面、改造公房、街道景观提升整治的方式打造商业步行街。为了进一步突出万溪冲的文化特色，步行街出入口处还增设了“万溪梨镇”特色牌坊，步行街的街景也进一步进行了亮化。与此同时，社区组织与步行街商户召开会议商讨商铺招牌设计制作相关事宜，要求商业街铺面的牌匾造型、装饰与商业街环境统一、协调，并按照统一尺寸规格安装，以体现商业街的设计风格及特点。历经 6 个月，商业街主体基本打造完工，一期全长 400 余米，共有 30 间临街店铺（图 7－3）。

图 7－3　商业步行街

除了上述商廊之外，万溪冲社区将主街道 1 栋闲置集体公房交由云南艺术学院进行设计和打造，通过结合宝珠梨文化开发适合城市青年消费项目——咖啡馆。

招商。商业街的招商可谓是一波三折，经历了几个阶段。为了加快推进商业步行街商铺招商，2021 年 6 月 25 日社区组织有租用意向的村民座谈，了解拟开展经营业态、需求，以及对商铺管理的意见。为了增加商业街区的文化、艺术、旅游等丰富多样的多种元素，在商业规划和业态定位上优先考虑并引进梨文化艺术体验、文化创意等业态，引导当地特色产品进驻，着力打造非遗文化和民俗传统产品集聚区。

最终，社区将30间商铺划分区域以规范整体业态。然后，社区先后推进宝珠梨鲜果销售区、宝珠梨主题邮局、宝珠梨深加工产品和文创产品销售区的招商工作，发动村民参与梨膏糖、梨饮品、民俗工艺品、特色小吃的制作销售等活动。2021年7月，社区乡村振兴工作领导小组组织集中签订《商业步行街商铺使用合同》，30个固定商铺全部签约，除中国邮政、云南中医药大学、云南省农村信用社三家单位外，其他所有商铺均由当地村民经营。

运营。商户入驻之后，为了商业街整体的发展和形象的维护，需要相应的运营管理方案制度来实现对商业街的管理。在这过程中，社区组织经过多次商讨，决定将商铺免费提供给本社区居民使用10个月，每间商铺仅收取管理费200元/月，并在这一期间检验商业街的运营效果。所有店铺于2021年7月25日正式开业试运营，主要经营业态有：土特产、特色餐饮（小吃）、民俗服饰、工艺（旅游）小商品、“梨”的文创产品等。社区管理规定：凡是在商业街从事商业活动的商户，必须保证在入驻后每天上午9：00以前开门，下午5：30以后关门，不按规定时间开门营业的，视为暂停营业。节假日需正常营业，春节期间的营业时间根据具体情况协商。特殊情况下需暂停营业的，需提前告知社区并经社区同意。无正当理由暂停营业的，按照300元/天收取违约金，连续停业超过5天及以上的商铺，合同将自动终止并且不退还押金。此外，在一个合同期内，无正当理由暂停营业累计超过一个月及以上的，合同自动终止并且不退还押金。

万溪冲商业街自正式开业运营之后，社区每年将收取“禾下”咖啡厅租金2万元作为村集体收入，加上30间临街商铺的每年管理费，村集体每年预计收益9.2万元，一定程度上增强了社区经济活力。更为重要的是，万溪冲商业步行街建成后，不仅带动了当地妇女、老人等群体入驻，从而解决当地闲散劳动力充分就业，还带动了在外务工、务农的居民回乡就业，实现村民在家门口就业创业。例如，在2019年之前，村民杨大哥以在外租地种菜为生，由于各种因素盈收难，甚至出现亏本问题。在社区开展乡村振兴综合实验之后，社区大力支持农户入驻商廊并销售宝珠梨深加工产品，杨大哥便以此为契机回乡入驻商铺经营梨膏、梨酒等深加工产品。虽然受疫情等方面的影响，经营状况不能尽如人意，但杨大哥仍然相信会越来越好，认为这种方式非常理想，自己不仅能实现就地就近就业，维持家庭基本生活，还能方便照看孩子和老人，憧憬着未来随着疫情好转一定会有不错的收益。

“梨好邮局”

主题邮局一般指中国邮政依托自身资源优势，将传统邮政服务与文化创意相结合所开办的特色邮局。与传统邮局办理日常寄信、汇款、快递等业务不同，主题邮局是围绕着某一特定主题展开的，其内部的装修风格、售卖的纪念品、向游客展示的内容都与某一特定主题密切相关（邱海峰和刘子冰，2019）。当前主题邮局的“主题”涵盖范围很广，既包括以特色文化为主题的邮局，如北京什刹海烟袋斜街的“大清邮政信柜”、北京广济寺和居士林附近的“祈福邮局”等，也包括以科技为主题的邮局，如由广州邮政与联通公司联合经营的“万菱汇 4G 主题邮局”。当然更多的是以当地旅游资源为主题的邮局，如知名度较高的有四川成都的熊猫邮局、天上西藏—珠峰主题邮局、北京的长城主题邮局、吉林白城的丹顶鹤主题邮局等，这些各地区形式各异的主题邮局以浓浓的文化味儿已经成为众多游客争相打卡的地标。

万溪冲的“梨好邮局”是将传统邮政服务与万溪冲“梨”文化创意相结合所开办的主题邮局（图 7 - 4、图 7 - 5）。与那些建设在城市的主题邮局不同，万溪冲的“梨好邮局”是设在村里由村集体与中国邮政和当地一家机构联合打造的主题邮局，“梨好邮局”既是中国邮政为村服务的一部分，也是村庄对外展示的一张特色名片。“梨好邮局”的命名，大家是花了心思的，用的是当下颇受年轻人喜爱的“谐音梗”，“梨好”既是在称赞万溪冲的梨果品质上佳，读起来又与“你好”相近，意在突出“万溪梨镇”欢迎四方来客的热情，颇有些趣味。

实际上，主题邮局在落地过程中曾有过多次的讨论。作为都市驱动型

图 7－4　“梨好邮局”

图 7－5　“梨好邮局”LOGO

乡村振兴实验的一部分，从中国农业大学团队到当地政府，再到社区，所有人都在思考，我们要在村里建设什么，或者对于村庄而言动这“一刀”的意义在哪？街道一位干部曾在讨论时说，“这个村庄不是世界地图，不能东边塞一个东西，西边塞一个东西，一切建设的落脚点是（为了）人民群众，一定是这样的建设”。这句话基本上就把万溪冲的建设原则给讲清楚了。那么建设这个主题邮局的意义在哪？它解决的是什么问题？如果单单说是村里需要有这么一个宣传噱头，那大家觉得是远远不够的，建设也是没有必要的。经过多次论证，“梨好邮局”的定位终于得到了大家的认可，那就是：“梨好邮局”除了作为一个邮局的基本功能来使用之外，它还应该是一个开放、潮流、文艺、时尚的场所，是万溪冲乡村邮政新地标，是以宝珠梨为主题的文化创意空间，是一个社交与情感相互交流的主题邮局。换言之，“梨好邮局”作为一个坐落于乡村的主题邮局，既是一个具备邮政的基本功能的邮局，更是那些在“万溪梨镇”游玩的客人和消费者的“打卡点”和“记忆点”。

为了满足上述两个功能和定位目标的实现，“梨好邮局”从空间设计上开始就下了一番功夫（图 7-6）。其打破了传统的邮局内部的构造，不仅包括功能区，还包括产品的展示区、购物区和互动区。在邮局和社区这两者之间并没有一条清晰的“楚河汉界”，都是为了服务群众。双方要做的都是依托自身资源优势，将传统邮政服务与文化创意结合起来，实现“1+1>2”的效果。从邮局的角度来看，首先需要满足包裹寄递、信件收寄、邮寄明信片、集邮戳等基本功能。其次，要作为一个窗口展现邮局自身的发展特性，如科技现代化的一面、独有的怀旧韵味以及书信文化、邮戳文化，等等。从社区的角度而言，“梨好邮局”首先要能展示万溪冲的特色文化，包括万溪冲的宝珠梨、万溪冲的“瓦猫”以及更多地域性的文化。其次，主题邮局应该帮助社区吸引和留住游客，满足游客多方面的消费需求。如果说将其打造成村庄的一个旅游景点，难免有些夸大，但是将“梨好邮局”设计和发展成为来到万溪冲的游客们“打卡”的一个有特色的“地标”，让游人进村后能对村庄抱有更多的期待感，还是有一定的价值和意义的。按照这一思路，“梨好邮局”设计了“互动未来留言”“明信片 DIY”“有声邮集”“个性邮票制作”等内容，其背后的理念就是希望游客能够和万溪冲有更多的互动空间。

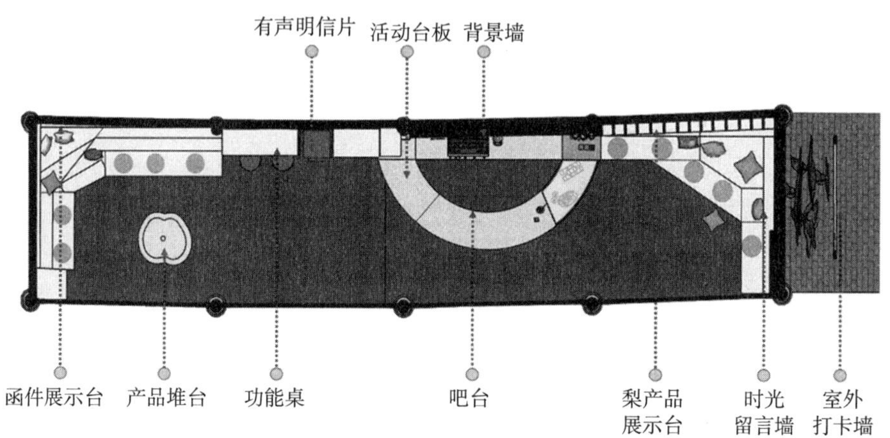

图 7-6 “梨好邮局”的空间安排（平面布置图）

由于邮局地处进村口商廊的第一家，这使其成为游客入村的第一站。从村口的牌坊进来，便能远远地看到“梨好邮局”的打卡墙，在巨幅背景墙前有着一块白色的形状如同邮票的雕塑，游人站在此处便可定制一张独属于自己的梨花邮票。宝珠梨文化是“梨好邮局”的内核，店内主要是以宝珠梨的形象 IP 衍生出各种文创产品，如梨花造型的各类饰品，梨元素的抱枕、水杯、摆件、背包，等等（图 7－7）。在此基础上，又陆续设计制作“梨花秀”系列饰品、传统文化衍生品，“梨香韵”的伴手礼系列，等等。值得一提的是，柜台上有定制的邮戳，“万溪梨镇”“梨好邮局”“瓦猫”等社区标签被“邮戳党”们盖到自己的邮戳本上，“万溪梨镇”也就随着一个个的邮戳被宣传出去，并由此留下对万溪冲的专属记忆。

在 2021 年的采摘节活动上，社区还对外发布了宝珠梨的表情包以及《宝珠梨的故事》的系列绘本（图 7－8），绘本中一个个栩栩如生的宝珠梨卡通形象跃于纸上，让读者尤其是儿童能够近距离感受鲜活的宝珠梨 IP 形象，更直观地接触、感知和了解宝珠梨的“前世今生”，体验宝珠梨的优秀传统文化。

图 7－7　“梨好邮局”文创产品

图 7－8　宝珠梨的绘本

当前，有了中国邮政快递的参与，宝珠梨的网络销售也有了“绿色通道”，在过去两年里将宝珠梨发往北京、上海等全国各地。未来，万溪冲将以此为阵地，围绕邮政服务、宝珠梨文化宣传以及宝珠梨的文创产品开发等领域不断推陈出新，给到村的游客和集邮爱好者带来更多的文化体验。在“梨好邮局”的加持下，更具品质、更赋创新性的乡村旅游给万溪冲带来的不仅只有“流量”，还有差异化的文化输出和创造性的文化符号，从而引领乡村振兴和文化万溪。

“宝珠梨十”

如果说“互联网+”是利用信息通信技术与各行业的跨界融合，推动产业转型升级，并不断创造出新产品、新业务与新模式，构建连接一切的新生态（李晓华，2016）。那么，经过长时间的调研我们认为，万溪冲的产业升级方向应是“宝珠梨+”的发展模式。

这一发展思路一定程度上是受到日本青森县苹果产业发展经验的启发。苹果是日本青森县的一张名片，日本大多数的苹果也产自青森县，其中当地又以富士苹果最为出名，因其口感清脆多汁、酸味恰到好处而受到人们的欢迎。青森的苹果产量很大，农业产值高。但是当地发展却不完全依靠苹果的种植这种单一产业形式。青森围绕种苹果这一农业产业，发展了一定的农业观光、农事体验等项目，包括：苹果主题公园、苹果温泉、苹果酒店、“苹果派”店等产业延伸。青森县将自己的地域特色与日本温泉文化相结合，游人可以入驻苹果园酒店，享受一次苹果温泉；也可以前往苹果主题公园体验农事乐趣，在苹果丰收季自行采摘苹果，还可以在青森的“苹果派”店吃到各式各样的苹果甜品，参与每年5月青森都举办的弘前“苹果花祭”，其间会有各式各样与苹果相关的活动及体验项目。简而言之，当地以苹果文化为核心主题，有机融合其他产业，实现了产业升级、振兴乡村的一种发展模式。

既然青森苹果的产业可以这样打造，那么宝珠梨可以“+”什么？融合“农事教育”“乡村旅游”“乡村民宿”“文化艺术”似乎都是可以的。“宝珠梨+”的每一个领域看上去都十分有意思，理论上来说都能够提升万溪冲宝珠梨的价值，增加农民的收入。但是大家也清楚地意识到，搞大杂烩是搞不成的。原因在于目前国内打着大力“发展乡村文化教育、观光旅游、生态休闲”旗号的特色小镇数不胜数，“千镇一面”“千篇一律”的同质化问题十分严重，每个小镇都几近相同。我们有一次在讨论时，几位研究生同学就曾说：“现在网上都流传着古镇旅游小吃三件套的说法，其中就有长沙臭豆腐、烤面筋、烤鸭肠……”一定程度上来说，这种重复化、同质化、交叉建设严重的特色小镇打造是失败的，即使打着特色的幌子，投入大量财力物力人力打造出来，对于社区的长期发展而言也是无益的（刘卿文、朱丽男，2021）。

在2021年李小云教授主持的“我们的乡村振兴工作如何开展？昆明都市驱动型乡村振兴培训讨论”上，大家集思广益，围绕宝珠梨文化的开发和保护展开讨论，最终形成四条意见（图7-9）。这些意见基本上就是接下来万溪冲宝珠梨产业更新建设的方向，也是“宝珠梨+”的具体路径。

图7-9　“我们的乡村振兴工作如何开展?”讨论会

（1）讲好宝珠梨的故事，是“宝珠梨+”的必要前提。首先要做的是讲好过去的故事，就是要挖掘宝珠梨的历史起源和传说，增加其历史厚重感，扩大社区品牌价值，增加品牌传播的穿透力，让万溪冲宝珠梨的故事深入人心，使其迅速在消费者心目中形成记忆和共鸣。其次是要讲好宝珠梨背后万溪冲人的奋斗故事。借助宝珠梨的发展历程讲好万溪冲发展的故事，在社区内凝聚力量，增加社区农户们的认同感和归属感，留住那些一心往外走的人，也借机鼓励外出的人才返乡创业。此外，还有一个隐喻，那就是保护好万溪冲的宝珠梨树。

（2）开发与“梨”相关的小商品，并在社区步行街统一销售，是“宝珠梨+”的具体呈现。既然打造的是以“梨”为主题的小镇，那么“梨”元素应该充分展现在社区商业活动的方方面面，诸如景区的招牌、旅游小商品、小食品乃至咖啡店、梨口味的饮品等，让游人能够充分感受到“梨元素”“梨文化”，突出万溪冲的特色，增加游览的主题性。而在这方面较为关键的是“梨”的文创产品的开发。之所以强调文创产品，是因为它兼具趣味性、纪念性和实用性，在帮助游客了解景区的精神内涵的同时，可以作为摆件或随身携带的配饰，在日常使用过程中赋予游客对当地文化具有关联性的想象空间，成为游客日后重温旅游记忆的载体和文化传播的工具，激起人们对景区文化的好奇与向往，引起周围人对万溪冲社区的关注，能够在无形中扩大万溪冲的影响力（赵霏越等，2020）。更为重要的是，文创产品可以将宝珠梨的文化价值转换为经济价值，给社区带来经济效益。

（3）发展宝珠梨的深加工产品，让传统手艺做大做强。在日本青森县，当地几乎所有店家都会以青森苹果为主基调，制作出各式各样的饮料及美食，苹果饮料、苹果酒、苹果派、苹果冰淇淋以及苹果茶等。而万溪冲村民祖祖辈辈也都有做梨膏、梨干、梨醋等产品的习惯，尽管没有日本青森苹果甜品的名气大，但是在昆明周边也有一批老顾客每年都会来村里购买。只是近年来，万溪冲以梨为材料制作的各式产品愈发地被市民所“瞧不上”，其原因在于万溪冲村民都是以家庭手工的方式制作梨的深加工产品，既没有生产许可，也没有统一标准，农户生产出来的梨干、梨膏、梨醋等产品质量不一，各凭良心。不少当地人多年“盯着”一家农户家做的梨膏、梨醋、梨干购买，尝着好吃、吃得习惯便会成为这家的回头客，大家都相熟，口味也有保障。而第一次购买此类产品的一般会选择在街上随便买点，便成了“抽盲盒”式的冒险，一旦觉得产品口感不好、质量差，伴随而来的不仅是不再光顾，而且会对万溪冲的印象也变差。此外，万溪冲的各种梨产品在包装上也十分简陋，既有用过的饮料瓶、也有辣椒酱的玻璃瓶，不少游人对此望而却步。因此，针对上面这些问题，万溪冲在实验过程中要做的便是“宝珠梨＋”现代化的加工生产，把生产规范起来，严守质量红线的基础上，把产品做出新意，做出品牌。为此，社区成立了合作社，通过合作社统一包装和销售。在生产方面，社区鼓励和扶持具有生产许可的农户帮助村民代工生产，并在昆明市周边寻找专业化生产厂家，开发宝珠梨深加工的新品类。截至2021年底，已投入市场且获得较大反响的有宝珠梨冰棒、宝珠梨果酒等（图7－10、图7－11）。

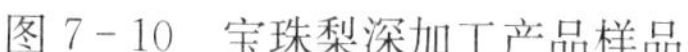

图 7－10　宝珠梨深加工产品样品

图 7－11　梨膏现代化的熬煮设备

（4）依托宝珠梨文化，办好 3 月的“梨花节”和 9 月的“采摘节”，即通过“宝珠梨＋节日”的形式带动社区的旅游发展。日本青森县每年 5 月都会举办弘前“苹果花祭”，开展各类与苹果相关的活动以及农事体验项目，吸引众多游客前往参与。在过去万溪冲的“梨花节”“采摘节”也有着相同的作用。有所不同的是，过去万溪冲的两个节日在内容形式上缺乏吸引力和影响力，在经济效益转换方面也不理想，尽管集聚全社区乃至地方政府各部门之力，村集体增收也就几万元，而村民在这期间也只能临时摆摊补贴家用。那么“宝珠梨＋节日”要做的便是通过“两节”使“春赏梨花秋品果”成为一项具有万溪冲品牌特色的文化旅游活动，让宝珠梨的文化深入人心，成为一个记忆符号和活动讯号，并再次成为带动社区发展的动力源之一。

“咔嗞车”

2020 年 6 月国务院总理李克强在山东烟台考察时表示，地摊经济是就业岗位的重要来源，是人间的烟火，和“高大上”一样，是中国的生机。可以看出，政府对“地摊经济”的认可和支持。实际上，近年来所兴起的地摊经济对于农村而言并非新兴产物，其早已在民间存在并活跃着。但是，如何对其做到有序管理是我们所要考虑的重点问题，尤其在农村的一些街道上的地摊集市，更要做到合理化的集体管理。

万溪冲的村民早已习惯了沿街摆摊经营，摆摊地点就在自家果园门口或在村口道路两侧，诸如“梨花节”“采摘节”等人流量较大的时候，村民摆摊的摊位还会往村庄内的道路两侧延伸。村民们摆摊的方式也很简单，自家带个小折叠凳，在地上摆上箩筐和蛇皮口袋，箩筐里放着早上刚从果园里摘下来的桃子或梨等水果，蛇皮口袋里装着自家种的各类豆子，地上还会摆上田里种的蔬菜，任由消费者挑拣（图 7-12）。有些讲究点的村民还会扎一顶帐篷以便挡雨遮阳，且街道上的帐篷颜色各异，长期摆摊的帐篷一般当天不拆，除了怕来回折腾外也有“占位置”的意思（图 7-13）。几位相熟的农人挨坐在一起，有顾客上前就招呼两句，没有顾客就与周围的村民东家长西家短地闲聊打发时间。过去，村民摆摊不需要经过谁的允许，随时摆随时搬，见缝插针，灵活之余也使得社区内的街道看上去颇为“凌乱”。尤其是花花绿绿、歪歪扭扭的摆摊帐篷，十分影响美观，给人进村的第一印象不太好，让人少了几分期待。并且，部分村民在村口两侧的马路上摆摊属于“占道经营”曾被城管等单位警告过多次，整改已经迫在眉睫。

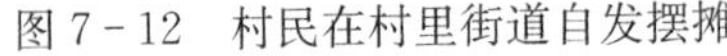

图 7-12 村民在村里街道自发摆摊

图 7-13 万溪冲过去的农产品摆摊一条街

“咔嗞车”是万溪冲社区集体提供给村民沿街售卖农副产品的定制小推车，由于在路上推起来会因机械结构发出“咔嗞、咔嗞”的声音，故而被取名为“咔嗞车”。制作投放一批“咔嗞车”是实验项目团队调研后提出的一个想法。目的是为了规范社区的摆摊经营，改变社区当前紊乱的市场状态，打造出一条较有特色的农产品销售街。在这一过程中，我们不能武断地认定现在的市场状态是不便于农户的，相反，经过调研后我们发现，农户们对这种摆摊经营的方式特别认可，认为这种摆摊方式灵活、方便且成本较低。但是从实验总体打造的角度来说，市场混乱状态肯定与"万溪梨镇"这个多功能的现代乡村小镇定位不符，是需要改变的。

那么，如何能够在依旧让村民尽可能便利的情况下使市场看上去更为规整，更符合"万溪梨镇"的整体定位呢？为了充分考虑村民的实际需求，我们在实验中始终坚持的一个原则是，不论"乡村建设"抑或是"乡村改造"，都必须要考虑当地人的视角，坚持"以人为本"的村庄规划才能满足村民的物质和精神需求，而不是所谓的"专家"的拍脑门的意见，这已基本成为学术界的共识（刘悦忻等，2020）。实验团队成员们在讨论过程中，首先设想自己作为一名"游客"要到一个有特色的小镇，期待看到怎样的一个市场，大家提到了很多的关键词，包括："干净""整齐""美观""拍照能出片""带有烟火气""色彩丰富""物美价廉"，等等。这是一群年轻人对"万溪梨镇"商业街的形象期待。社区的副书记在讨论会提到，售卖车一定是要能移动的、要有万溪冲的特色、要结实耐用，还要控制成本。作为摆摊者的村民则表示"不用太大"，并比画着"大概两米左右就合适""得有个'顶'，不然下雨天和大太阳让人太难受了""最好能有储存功能，晚上可以将电子秤、包装袋、绳子等杂物锁起来，就不用每天搬来搬去了""最好别跟我们要钱……"可以说，村民们需要新颖的售卖车，但他们同时考虑更多的是实际使用功能。

在充分与村民、村干部、专家和设计公司等进行讨论基础上，我们确定为农民提供的新摊位由"咔嗞车"来承担，"咔嗞车"不同于以往村民们随意摆放的摊位，有以下几个方面的考虑：能够摆脱场景的场地限制，做成可"移动的"，能随时入场，随时离场，均衡活动举办与村民的正常道路通行；具有便民性、美观性，有统一的视觉系统，包括颜色、规格、LOGO等，使整条街看起来整齐、干净，又要保持一丝烟火气；根据摆摊村民的需求设置摊位大小、功能；控制成本。根据这些内容，团队提出订做一批移动售卖车供给村民们使用的建议。社区经过讨论，认为可行并对外进行了招标，制作了"咔嗞车"的样品供村民免费使用。

这款小推车由立体的铁框架组成，外贴木纹仿古防水胶层，推车两侧护板打开后可作为顶部的延伸，为摆摊农户遮阳遮雨，售卖台面尺寸长2.4米、宽2米，被龙骨分为三格，每个间隔可放置一个箩筐或者其他产品。摆摊的农户坐在售卖车的内侧，下方有三个对应的储物柜。白天撑开便可营业，夜间可将撑板合起来，锁上储物柜后便可回家（图7-14）。社区决定使用这款推车的原因在于，一是较为轻便，一人便可以拖动；二是占地空间小，不影响村民交通出行，支撑起来后又能最大程度地利用空间。

图7-14　万溪冲“咔嗞车”

2021年9月15日，“采摘节”前社区组织村里有意愿摆摊的农户进行了抽签，选取摆摊位置与摊位类型。抽签抽到的村民可以向社区免费申请使用“咔嗞车”，每户除交押金不再缴纳其他费用。“咔嗞车”按照社区的规划设置在村主路上，在道路两侧较为空旷的地方进行了布置。然而，再完美的设计在实践中也可能会有不如意，有的村民在使用中表示，“咔嗞车还是不方便，每天得把梨一个个地拿到台面上摆好，晚上卖不掉又需要全部再拿下来才能运回家，折腾起来太辛苦了”。事实上，村民的这种使用体验和感受是我们这些作为销售者之外的旁观者所未曾预料的。这些在城市菜市场或者商场里非常正常的“每日操作”——上班时间摆放商品下班时间整理放置商品——在农民看来是一件非常麻烦且没必要的动作，是费力气的事情。这一点我们可以充分地理解。对于万溪冲村民几十年里的传统销售方式，要想使其变化，不是一蹴而就的事情，在某种程度上这已经成为村民的“惯习”。但是，在和村民进行充分交流和讨论后，村民渐渐地对实验的理念和想法有了更多的理解，有的表示已渐渐地适应和改变。当前，万溪冲已经开始探索规范市场的途径，经过一轮治理，市场凌乱状态和无序经营问题有了明显的改善，进一步提升了当地环境的整体形象。

第八章

乡村振兴　人才先行

当我们谈到乡村人才振兴时，无外乎要从两方面着手。一是如何吸引外面的人来乡村，二是如何把乡村的人才留住或者“招”回来。事实上，细数过往，在那些发生过巨变的村庄里，无不是因为有“人”，也就是我们这里讨论的人才。从某种程度上讲，过去我们对乡村人才的理解是存在一定的误区的。今天，我们所讨论的乡村振兴所需人才，是包括各种类型的人才的，其中不仅包括从事种植业和养殖业等第一产业领域内的人才，还包括第二和第三产业领域的人才；不仅包括政治和经济领域内的人才，也包括文化传承和社会治理等经营管理方面的人才。简言之，乡村振兴的人才需求分领域、分层次，是一二三产业中全产业链上的各种人才。

在实施乡村振兴实验前，万溪冲村中少有年轻人的身影。有劳动能力、有志向的年轻人纷纷前往城市，村庄没有了年轻人，发展相对缓慢，越来越多的农村人离开故乡、前往城市谋前途、谋发展，而留下的人也失去了对未来乡村产业发展和居住生活的憧憬，村庄呈现出农业产业渐衰而二三产业发展动力不足的局面。这是呈贡区万溪冲村的景象，更是全国千万个村庄的缩影，为了防止村庄的进一步衰落，2020 年中央 1 号文件提出了推动人才下乡的政策，2021 年 2 月中共中央办公厅、国务院办公厅又印发了《关于加快推进乡村人才振兴的意见》，其中强调指出“要大力培养本土人才，引导城市人才下乡，推动专业人才服务乡村，吸引各类人才在乡村振兴中建功立业”，并对农业生产经营、农村二三产业发展、乡村公共服务、乡村治理、农业科技等方面的人才培养做出了具体部署，为解决乡村优质人力资源流失问题提供了指导意见。

“乡村振兴，根本在人”。根据乡村人才资源与分工的不同，可以将其分为农村实用人才、返乡就业创业人员、农业科技人员、村“三委”及党组织带头人、农村教师和乡村医生等几大类（李博，2020）。相关数据资料显示，截至2020年底，全国农村实用人才约2 254万人[①]，返乡创业创新人员超过1 000万人[②]，农村基层组织成员和干部总量超过300万人[③]，乡村医生数量为74.7万人，乡村教师数量超过290万人[④⑤]。2021年呈贡区开办“农民业校”，深入开展万名人才兴万村、社区干部培养工程、乡村教师培养工程、乡村医生培养工程、干部规划家乡等系列乡村人才振兴行动，吸引并培养了各类人才。农民有了增收的本事，“走出去”的年轻人有了“走回来”的理由，生活在这里的村民有了希望，衰落的村庄有了生活气息。

社区干部

作为政策“最后一公里”的社区干部班子，其能力的强弱直接关系乡村振兴战略的实施成效。正如毛泽东在六届六中全会上做出的论断所言，政治路线确定之后，干部就是决定的因素。“给钱给物，不如建个好支部”，加强党的领导，培养一批优秀基层党组织带头人，是乡村振兴重要的组织保障。因此，在实验过程中我们一直在关注如何培养和提升万溪冲社区干部的能力与水平。

截至2021年8月底，万溪冲社区干部队伍共有11人，这些干部分属于党总支、居委会和监委会。与万溪冲社区干部一起工作的过程中，我们

① 中华人民共和国中央人民政府，http：//www.gov.cn/xinwen/2020－11/20/content_5562824.htm.

② 中华人民共和国中央人民政府：http：//www.gov.cn/xinwen/2021－03/25/content_5595514.htm.

③ 第三次全国农业普查数据显示，全国共有596 450个行政村，其中村委会数量为556 264个，按照每个村6名村委主要成员计算，则全国有350多万个农村基层组织成员和干部。

④ 国家卫健委，2020年我国卫生健康事业发展统计公报。

⑤ 中华人民共和国教育部，http：//www.moe.gov.cn/jyb_xwfb/xw_zt/moe_357/2021/2021_zt18/mtbd/202109/t20210908_560546.html.

发现他们每天都特别忙。但只要我们来到万溪冲，社区的干部就会专门留出时间陪同我们进行调研。调研过程中，他们的电话铃声经常响起，而且时常是一个电话刚挂掉，又一个新的电话打进来。社区的支书兼村主任对此称，“社区这边的事情实在是太多了，不夸张地说，最多的时候一天能接一二百个电话，有政府领导打来关心社区情况的，有其他社区干部打来询问如何处理问题的，还有社区村民反映情况的……”事实上，我们在国内其他省份的很多村庄都开展过调研工作，但很少发现有哪个村庄的村支书和村干部像万溪冲的干部们如此繁忙。那么，这是否与万溪冲正在开展的乡村振兴实验工作有联系，还是代表了城郊村这种类型的村庄的干部们的工作常态？万溪冲的社区干部在乡村振兴工作中都参与哪些工作，是如何参与的？他们自身的能力是否能够完全承受高强度的各项任务，对乡村振兴他们是怎么规划的，还需要在自身能力方面进行哪些提升？尤其是在城郊村这种从管理村庄到服务社区的职能转型的过程中，社区干部还面临着哪些挑战？

万溪冲社区的副书记对我们讲道：“过去的工作很累，现在接了乡村振兴的工作事情更多了，人也就更累了。”在“乡村振兴”开始以前，社区干部们主要的工作内容是管理社区和提供公共服务。在乡村振兴工作开始后，11 位社区干部的工作都增加了一项内容——协助乡村振兴工作。实际上，万溪冲社区的“乡村振兴”早在 2014 年便开始了，只不过那时是叫作“美丽乡村建设”。“美丽乡村建设”工作更多的是以补足社区短板为目标，如完善社区基础设施、进行村容村貌的整治、解决环境和生态问题等，并在此基础上探索适宜社区产业发展的路径。这些基本上是我们今天所讲的乡村建设的主要内容。在这一过程中，社区干部忙着协调、管理社区大大小小的各项事务，其工作任务同样繁重。

在开展乡村振兴实验的工作过程中，干部的“忙”又与过去的“忙”有所不同。万溪冲社区乡村振兴实验区的建设的目标是将其建设成多功能的现代乡村小镇、发展宝珠梨文化创意产业，并在此过程中探索各种制度和要素的供给经验，具体包括改革类、建设类、常规类实验活动 24 项，如探索森林养生项目建设，设立创业基金、与高校进行合作、吸引大学生进入社区创业，盘活社区集体和农户闲置房产等。我们在社区内与很多不同的人员进行访谈中都发现，包括街道干部、社区干部在内的很多人都认同一个观点："现在的万溪冲不缺钱"。这实际上包含两层含义：一是为了打造一个可复制、可推广的乡村振兴的样板，政府愿意拿出资金让万溪冲社区先发展起来。二是万溪冲社区经过征地、村民种植大棚蔬菜，家庭收入与西南地区很多普通的村庄相比已经十分可观。因此，他们认为万溪冲社区的乡村振兴工作需要做的是让社区把握住政策机遇，除了进一步改善社区的基础设施条件、人居环境，提升社区的公共服务水平外，更重要的是要发展产业，尤其是一二三产业的融合发展，从而实现最终目的——让老百姓能够拿到更多的钱，生活水平得到进一步提高、质量也进一步改善。因此说，尽管乡村振兴工作与"美丽乡村建设"一脉相承，在工作内容上有很多相似之处，但对工作效果、质量和内涵等方面的要求更高，事实上给万溪冲社区的干部们还是带来了很大的压力，用一位社区干部的话说就是"前边好干的（工作）都已经干完了，留到现在的任务都是十分困难的事情"。

2021年6月，万溪冲社区针对乡村振兴事务繁杂、人员分工不明确的具体实践问题，召开了"三委"会，会上选举了"乡村振兴工作小组"，并决议由小组内的社区干部牵头负责具体事务。其目的在于整合社区资源，让社区干部各展所长。其中一位干部没过几天便在私下说："简直是愁得睡不着觉了。"他说："事情真的是太多了，不仅任务量大，考核标准还高，还要经常被上级领导批评，村民还不理解我们。"当谈及未来有什么打算时，他说："先干吧，什么时候人家说你干不了，你回家去吧，我就回家了。"

这种情况的出现，除了是工作内容繁重对社区干部造成压力外，实际上还反映出了两个问题。一是科层制的压力。在愈发紧缩的压力型体制之下，本应以自治为主的社区治理体系实际被纳入了行政体系的一部分。压力型体制的一般逻辑是为了完成经济、社会发展的某些任务和各项指标，本层组织会把任务和指标层层量化分解，下派给下级组织和个人，责令其在规定的时间内完成，然后根据完成的情况进行政治和经济方面的奖惩（欧阳静，2009）。例如，在项目建设期间由于迟迟见不到成效，区里领导到村检查发现给万溪冲社区投入很多钱，但社区没有"动静"，于是在开大会的时候会批评街道负责人，让其解释为什么万溪冲社区全部施工项目都是大工地，每次过来都没有能拿得出手的东西。街道负责人转身便到万溪冲社区“开大会”找原因，同时利用“科层制”的组织结构给社区干部设定“目标任务”。社区干部承受来自上面的压力后只能被迫选择日夜赶工，按期完成交代的任务。于是，我们多次看到深夜里，很多社区的干部们仍会在施工现场与工人讨论建设问题，尽管看上去非常疲惫，但似乎他们又不得不如此。

二是激励机制的不健全。社区干部每天都在为完成乡村振兴事务东奔西走，但实际所得却不多。党员的责任以及为社区百姓办实事的信念，是支撑社区干部在压力中继续工作的动力。实际上社区干部的工资并不高，也不会因为承担社区职务而实现经济上的超越。以社区支书为例，在扣除“五险一金”后，每月实际到手工资仅为 4 000 多元，即便加上年终奖金，每月工资也不会超过 5 000 元。实际上这一工资水平在万溪冲社区内只能勉强算得上一般。很多人在成为社区干部之前都在外地承包着土地，或者经营着其他产业，在社区乡村振兴工作压力下，他们不得不将工作重心重新转移到社区中。而在这一过程中不可避免地对自己经营的产业会造成影响。例如，万溪冲社区某干部在外地承包土地种植大棚蔬菜，在社区任职期间，将大棚蔬菜交由他不擅长种植的老婆日常照看，他只有周末或者假期才有空去地里，导致连续种植两茬的大棚蔬菜都出现了技术失误，蔬菜价值严重下降，这种情况下很难说没有打击到社区干部的工作积极性。

因此，为了激励社区干部在乡村振兴工作中的积极性，拓展其开展乡村振兴工作的思路和理念，提高治理、管理和服务的水平，从而更好地推动万溪冲的乡村振兴工作，我们在实验的过程中，分批次地组织街道和社区的干部们到昆明市周边和云南省的其他地区，以及浙江省的乡村振兴开展具有特色的村庄进行走访和学习，例如西双版纳的河边村、宜良县的麦地冲村等（图 8－1）。在参观的过程中，不同村庄立足于自己独特的地理位置、自然资源禀赋、人文社会资本等基础而设计的不同乡村振兴方案，包括产业发展业态、农村集体经济组织建设、乡村旅游环境打造等对万溪冲社区的干部不仅带来了视觉上的冲击、心灵上的震撼，还对他们自己工作的内容带来了启示，增强了克服困难与挑战而继续推进乡村振兴工作的信心。

图 8-1　在宜良县麦地冲村参观的社区干部

返乡村民

农业农村部最新发布的数据显示，2021 年全国返乡入乡创业人员达 1 120 万人，那么这些人为什么愿意返乡？他们在家乡创新创业、参与乡村振兴的过程中经历了什么，还存在什么困难和障碍？在政策上需要什么支持？对这些问题的回答将有助于我们更好地在乡村振兴实践过程中吸引人才返乡。

随着中国工业化、城市化进程不断推进，农村大量青壮年劳动力背井离乡，带着满腔热血、抱负前往城市，追逐梦想、实现自我价值，为中国的城市建设、经济发展做出了不可估量的贡献。城市逐渐“兴盛”之后，就要发展农村，而在当下农村更需要这样的一群人离城归乡、投身乡村建设。因此，国家将发展目光逐步投向农村地区，先后制定了一系列的针对性政策，旨在吸引能人“来乡”与“归乡”，发挥他们经验丰富、见识广泛等优势，推进农村社会、经济、文化以及生态等各方面的协调发展。在此背景下，万溪冲社区也顺应国家发展“潮流”，在吸引人才返乡创业方面做了许多努力，催生出了一条以人才振兴乡村之路，也为这个“旅游小镇”的发展带来了别样的精彩。人才返乡的重要性主要可从以下两方面来看：

一是推动乡村振兴的需要。农民作为乡村振兴的建设者和受益者，有着关键性的地位。习近平 2017 年 3 月 8 日在参加十二届全国人大五次会议四川代表团审议时强调，要就地培养更多爱农业、懂技术、善经营的高素质农民。但是农村留守人员呈现年龄大、数量少等特点，农忙时期人手不够、现代农业人才短缺问题突出。所以吸引“走出去的人”返乡，把这样一群人培育成爱农业、懂技术、善经营的高素质农民，并利用他们的才干、经验，为乡村建设贡献力量，是当前应对农村人才短缺问题的可行举措。加之，中国人有独特的“归根”情结，返乡人才作为一支德才兼备的贤能人士队伍，对乡村振兴来说无疑具有重要意义。

二是“天时地利”的返乡机遇。从前，顺应时代潮流，大批的农村年轻人流向城市，凭借着自己的一腔热血在城市“闯荡”，他们中的大部分人都“享受”到了时代的红利，积累了雄厚的资本、技术、经验，具备相当的能力，在城市中闯出了一番天地，并获有一席之地。随着年龄的不断增长，在外的人会因乡愁、家乡情结等对家乡的独特情感而有归乡的想法，同时这一时期恰逢农村逐步发展阶段，有着各种各样的机遇，具备“天时”条件。因此，能人回乡仍大有可为，农村将会成为他们再次展示才华的舞台。据统计，2021 年云南省农民工总量为 964.14 万人，其中外出务工人员有 602.83 万人（云南省统计局，2022）。这样规模巨大的一个劳动力群体为我们在乡村建设中吸引人才返乡提供了可行性基础。此外，万溪冲社区所处地理位置、所具备的生态环境先天优势，为人才返乡提供了“地利”条件。简言之，万溪冲社区具备着天时地利的吸引人才的返乡条件，人才也有了足以返乡建设乡村的底气和能力，二者共同作用为万溪冲社区推进乡村振兴战略提供了根本推动力。

基于以上现实背景，返乡村民到底能做些什么就不难回答了，他们或是回乡创业或是回乡投资。一方面，返乡村民专门从事农业生产经营，而这种经营绝非是简单地停留在第一产业，他们发挥自身优势搞三产融合，延长农业产业链，助力农业农村现代化发展，并一定程度上带动当地农民，促其就业、增其收入。另一方面，“走出去的人”利用自身经济、社会资源优势回乡，通过市场化机制促进村庄发展、推动乡村振兴。而要实现这一举措，就要成立公司、办专业合作社，并且这些公司、合作社可以把农民纳入市场体系中来，进而增大公司、合作社的体量，使之具备相应实力，达到一定的投资规模。

在万溪冲的乡村振兴实验阶段，一些在外打拼的村民基于各种考虑返乡进行创业，曾经长期在外租地种菜的周大哥就是其中的一个典型代表。周大哥和他的妻子，是我们团队中的研究生在驻村期间认识的一对夫妻，由于他们相对年轻又比较健谈，因此几个研究生经常去找他们聊天，一是可以获取更多信息，二是他们是村里为数不多的年轻人，交流起来更为方便。村里的年轻人都去外地租地种菜，没有租地的也在外上班或做生意，平常很少在村，所以能够和周大哥聊聊天是几个研究生在村里非常开心的事情。周大哥之前也曾跟着村里人在嵩明租了 20 多亩地，种了四年大棚蔬菜后觉得“没意思”便返乡了。这里的“没意思”有两层含义：一是经济上没赚到钱甚至亏本。据周大哥介绍，由于经验不足、运气不好等因素，他们夫妇二人在租地过程中并没有获得预期的收益。二是不愿背井离乡，在外漂泊。周大哥的妻子告诉我们，之所以返乡是因为“家里的小孩要上幼儿园，需要负责接送和日常生活起居”。因此，他们便返乡做起了梨的深加工产品生意，为了让产品更加规范化和标准化，周大哥还专门买了电炉来熬制梨膏，并注册了商标，办理了卫生许可证等相关证件，他们是村里为数不多有正规资质生产梨膏的农户。同时，周大哥还尝试过开淘宝店，网上销售自家的梨膏，但由于经验不足没有充分掌握网络经营的技术，销售情况不太乐观。2021 年万溪冲的商廊建成后，周大哥主动向社区申请了一个铺面，并愿意与社区合作，为社区合作社代工生产梨膏等宝珠梨深加工产品，已初见成效。问及未来的打算，他称：“希望社区在采摘节和梨花节这两个节日外，平常也能吸引游客到社区来骑自行车、爬山，来消费，这样我们也就能够多赚些钱了。”

如今，随着万溪冲都市驱动型乡村振兴实验的推进，万溪冲的发展境遇也不同以往，这一实验为乡村带来了更多的经济发展机会，也在一定程度上吸引了外出打工的村民返乡，他们怀揣着乡土情怀和激情返乡创业，“雁归效应”正在凸显，但并不能说明返乡就业已成为万溪冲的燎原之势。

由于受到新冠疫情影响，潮汐式客流等创业困境是摆在万溪冲返乡村民面前的现实问题，面对这种情况，有的返乡村民会选择继续外出务工，有的则会选择留在万溪冲寻求发展出路。而如何更好地为返乡村民化解就业、创业困境也是我们一直在努力探讨的问题。

“乡村 CEO”

中国要实现乡村振兴，比任何时候都需要人才。乡村如果缺乏人才，再好的政策也难以实施，再好的产业也难以发展，即便有再好的资源也难以充分利用。在一次访谈中，时任昆明市农业农村局副局长的刘正海提到，当前乡村振兴需要三种人才：一是乡村公共事务的管理者；二是乡村改革的执行者；三是乡村的运营者。其中，最为缺乏的便是运营者，即经营管理型人才。因此，如何能从乡村本土挖掘或从村外招聘到拥有城市现代企业经营和管理理念的人才，来村里对村集体经济组织和农民共同参股的股份有限公司进行运营和管理，共同盈利，成为万溪冲乡村振兴实验的一个创新性的大胆尝试。

“乡村 CEO”的概念是我们首次提出来的（李小云，2022）。CEO 是首席执行官的英文缩写，指的是一个企业中负责日常事务的最高行政官员[①]，这一职位是美国人在 20 世纪 60 年代进行公司治理结构改革创新时的产物。我们在早期勐腊县河边村的脱贫实践中就提出，乡村也要有自己的“CEO”（王乐，2019）。“乡村 CEO”即乡村经营管理人才，是指运营农业农村各种资源要素，运用现代经营管理理念和先进科学技术，专业从事乡村生产经营活动的组织者和管理者。乡村振兴，关键在人。为进一步加强乡村人才队伍建设，培养一批有文化、懂技术、善经营、会管理的乡村经营管理人才，促进乡村人才振兴，搞活农业农村经济，昆明市结合实际制定了《昆明市关于培育乡村“CEO”试点工作方案》。目前，在昆明 6 个实验村中有不同类型的 CEO，既有纯粹高校毕业生应聘的，也有职业经理人应聘的，还有本地本村人才回流引进的，各村都在根据各自不同的

---

① CEO 的英文全称为 Chief Executive Officer。

实际情况在探索一种可行的模式。其目的就是为了推进乡村人才振兴，激发乡村发展活力，构建现代农业产业体系、生产体系和经营体系，培育农业农村发展新动能，以此实现乡村的振兴。

与宜良县麦地冲村所聘用的在村里成长起来的3名年轻人担任CEO的模式不同，万溪冲的乡村“CEO”探索模式为：对外聘用具有丰富运营经验的职业经理人，对内培养乡村CEO的种子。之所以如此，是根据万溪冲社区的特殊情况而选择的结果。项目启动以来，从昆明市到呈贡区再到吴家营街道，为万溪冲的乡村振兴建设配套投入了大量的项目资金，修建了大量的发展设施，并持续性地转化为村庄可供运营的庞大资产，这些资产亟须发挥出作用。且万溪冲社区村庄与其他村庄相比，面积大、人口多、事务杂，上手难度大，“当好万溪冲的‘乡村CEO’不比在一家大型企业里当CEO简单”，闲聊中有村干部说道。而“从无到有”地培养一名或几名本土人才成为真正的乡村CEO需要的时间太久。因此，社区通过村里的告示栏、微信公众号将招聘乡村CEO的消息进行发布后，在相当长的一段时间里都未收到任何应聘消息。于是，在呈贡区农业农村局等相关人员的介绍下，社区将目光转向那些有着乡村情怀的“城里人”，试图找一个真正有本事的人来接下这个差事。

有着丰富媒体从业经验、项目运营经验、景区策划经验的毛总曾参与过万溪冲社区的景观打造，与万溪冲社区有过交集，他在了解万溪冲的乡村CEO计划后表达出浓厚的兴趣。他表示：“万溪冲现在有国家的政策扶持，又有自己独特的资源，它的成长空间是非常大的。”经过多轮协商，最终他答应了社区的聘请，并于2020年12月正式成为了万溪冲社区的“乡村CEO”。当问及是什么让他最终能够下定决心来接下这个任务时，他说：“因为我自己做的是‘文创、文旅’，可以通过这些东西来给村庄的产业赋能，这恰好是社区需要但他们自己没办法做到的。”实际上，村里的资源，村里的产业也是毛海鹏的团队需要的，他想通过这个机会实现双方资源互补，实现合作共赢。于是他以自己公司的名义，与社区签订合同，双方共同筹备成立了乡村旅游开发有限公司（下文中简称乡村旅游公司），围绕万溪冲社区的自然资源及商业步行街开展乡村旅游开发、运营。其中，社区以村庄旅游资源、部分公房等资产入股，占有70%股权，毛总的团队以其人力、智力和资源投入占股30%。新成立的公司所有权、经营权和管理权分离，具体商业活动主要由毛总的团队负责，并在合同中规定毛总的团队在策划定位、招商方案完成前不拿报酬和策划费用。签订合同后，毛总和他的团队进驻社区，他多次利用企业及个人资源找寻有意向落地万溪冲商业步行街的商户，并在合作期间筹办策划了2021年的“梨花节”大型活动。

毛总在万溪冲村工作期间，开展了设计村口景观，布置临时可租物业等工作。作为乡村CEO，他不仅仅需要了解市场，将城市资源通过引流进入社区，招商引资为商廊的建设出谋划策贡献力量，而且还在产业发展方面也进行了设计和规划。而所有这些工作，都需要与乡村的文化、社会发展需求和实际相契合，需要将村民的利益与社区产业等发展规划紧密联结在一起。否则，会出现城市产业发展理念与乡土社会“水土不服”的风险。这一点上，万溪冲的实验也可以对其他乡村引入现代企业经营管理人才提供启示和借鉴。毛总在他的驻村手记中写道：“乡村建设有自己的方法论，给多即少、给少即多，烟火气、人情味、原生态，归根究底就是返璞归真，化繁为简，找到乡魂，留住乡魂。”

乡村“CEO”的培育和存在，在一定程度上缓解了万溪冲村庄人才不足与发展思路不清的问题。为了补充乡村振兴人才的力量，万溪冲社区与云南艺术学院艺术管理学院签署合作协议，还启动了乡村“CEO”种子计划，并以此为平台，合作培养乡建、乡创人才。云南艺术学院艺术管理学院相关专业的6名同学作为首批助理CEO，来到万溪冲社区学习、实践，将所学与乡村振兴实务相结合，他们在社区内策划“网红打卡墙”景观设计、介入万溪冲乡村振兴工程具体实践，充分彰显了现代年轻人对乡村建设的想象力和创造力（图8-2）。

图8-2　乡村“CEO”种子计划成员的作品

创 业 者

习近平总书记曾强调，乡村振兴，人才是关键。因为“人”是城乡间市场、资金、信息、技术、管理和理念等方面密切联动、深度融合的最佳因素，吸引资金回流只是其中的“一步棋”（龚仕建，2019）。为此，各地要营造良好的创业环境，为人才搭建干事、创业的平台。为了贯彻落实《国务院办公厅关于支持返乡下乡人员创业创新促进农村一二三产业融合发展的意见》（国办发〔2016〕84 号）精神，鼓励和支持返乡下乡人员创业创新，云南省人民政府办公厅 2017 年 5 月发布的《关于支持返乡下乡人员创业创新促进农村一二三产业融合发展的实施意见》中强调，要鼓励和引导返乡下乡人员按照法律法规和政策规定，采取承包、租赁、入股、合作等多种形式，创办领办家庭农场林场牧场、农民合作社、农业企业等新型农业经营主体。另外，通过发展合作制、股份合作制、股份制等形式，培育产权清晰、利益共享、机制灵活的创业创新共同体。事实上，能聚才就能聚财。蓄人才之水养发展之鱼，乡村一定能成为干事、创业的广阔天地。

万溪冲社区积极响应国家和地方政府的政策号召，在乡村人才振兴方面还探索了其他一些路径，其中一个就是吸引城市到乡村的创业者在万溪冲落地、扎根，并带动万溪冲社区的居民一起发展，为万溪冲的集体经济发展也献策献力。何总就是一个典型的案例。

何总是云南省的一名创业女青年，出生于一个普通农民家庭的她在大学毕业后一路披荆斩棘，在多年的创业历程中取得了许多傲人的成绩和荣誉。2017 年以来，何总曾经荣获第十一届“全国农村青年致富带头人”、西部贫困村“农村致富带头人”、全国民族团结进步模范个人等多种荣誉。回顾过往，她坦言自己在 2015 年为了照顾因意外而造成残疾的父亲，毅然决然放弃了在昆明市发展的机会，而回到家乡迪庆开始创业。因受到读书期间外教的影响，她阴差阳错地养起了豪猪。在缺乏充足的资金和技术短缺因素的影响下，为了更方便且更好地照顾豪猪，她甚至还在猪圈睡过一段时间。经过几年的拼搏和探索，她在豪猪养殖领域做出了一些成绩，这也是缘何她获得诸多殊荣的原因。然而，2020 年新冠疫情的暴发，直接影响到豪猪产业的发展——豪猪作为野生动物被列入禁养名单。这突如其来的政策变化让她的养殖业不得不陷入一种停滞状态，因此她也不得不思考企业该如何转型。

2021 年在云南省委组织部开展的一次“万名人才兴万村”的活动中，何总第一次接触到万溪冲。她凭借着对市场的敏感度和洞察力，经过在万溪冲进行一段时间的调研后，很快就有了再次创业的想法，并与社区积极进行沟通和交流，最终确定与万溪冲社区进行合作——在万溪冲社区建设教育实践基地。她认为：“万溪冲社区邻近呈贡区 30 余所中小学，有良好的地理、交通区位优势，且拥有良好的自然生态资源和历史文化资源，但一直以来万溪冲并没有将这些资源有效地利用起来。尤其是万溪冲后山的 65 亩集体土地，无论是交通、生态资源等方面都有很大的优势，但是却没有得到有效盘活利用。不可否认这也与村里缺乏人才有很大的关系。”何总的到来让这块土地重新被利用起来，她提出了与社区合作经营劳动教育实践基地的想法，并成立了云南梵溪创业孵化器管理有限公司，经过与社区的讨论，双方一致认为可以共同探索一条“社区＋公司”的模式。在合作中，社区主要负责基地的基础设施建设，何总的公司则负责基地的运营管理、宣传工作等，最终获得的利润，将由公司与社区五五分成（对于教育实践基地在第十章将有细致的论述）。

何总自称自己是“大山里走出来的孩子”，加上多年的创业历程和扶贫经验让她更懂农民、更懂农村，这也是她能够一直待在乡村创业的重要原因。在农业的价值上，她认为：“农业不像其他产业赚钱来得快，但农业是民生之本，也是民生之纲，不会很富有，但是能够解决温饱问题。而现代农业与传统农业不同的是，现代农业是升级版的农业，即是科技赋能的农业。在发展过程中能够带动更多的村民就业，实现社会价值。”

截至 2022 年 3 月，何总在万溪冲的创业之路直接带动了近百名当地村民就业。排除疫情等突发因素的影响，基地每年预计能为村里的集体经济带来 1 000 万的收入。从这一案例中，我们可以看到，何总的创业之路存在着一种偶然因素，但她一直以来从事农业更多的是因为有情怀的支撑，也因此创造了巨大的社会价值。何总的案例说明了，乡村需要青年人才，但这些青年人才并不一定必须要从事农业生产。青年人的创新性可以更好地带动乡村在一二三产融合发展方面发挥积极作用。然而，现实中我们也要看到，虽然到乡村进行创业的青年们在一定程度上得到了政府政策的支持，但在资金、技术等方面还承担着一定的风险，当前由于诸多因素的影响，来到农村进行创业的青年仍然比较有限。而如何吸引更多的城市青年到乡村进行创业，正是我们当前和未来在人才振兴方面要解决的问题。现在的乡村依然是缺乏足够的新鲜血液汇入其中，所以我们应该让有情怀的人有回到乡村、留在乡村的理由。像万溪冲这样具备天时地利的地方，只有不断地注入各种新鲜血液，才能让这个地区散发出新的活力，得到更为长足的发展，为全面推进乡村振兴贡献力量。

第九章

闲置资产　盘活盘清

农村宅基地和住宅是农民的基本生活资料和重要财产，也是农村发展的重要资源。然而，过去几十年里，随着城镇化进程的快速推进，受农转非人口数量的增加、农民迁移到城市务工等诸多因素的影响，农村宅基地和住宅闲置的现象在农村普遍存在。国家统计局数据显示，截至 2021 年底，我国城镇常住人口 91 425 万人，比 2020 年末增加 1 205 万人，城镇化率为 64.72%，比 2020 年末提高 0.83 个百分点（中国经济网，2022）。由此而来的一个直接影响是，常年居住在城市或绝大多数时间在城市生活而户籍在农村的人口，无法充分利用自己在农村的宅基地和房屋，造成了农地、农房、宅基地常年的闲置，导致了村庄用地空废化现象和问题（张勇，2019）。此外，受“撤点并校”等政策的影响，农村集体的一些宅基地和房屋也存在着大量闲置的问题。

村庄人口流失，土地、住房、宅基地等资产闲置，不仅造成了资源浪费问题，还有碍农村人居环境的改善。因此，如何有效利用村庄闲置的宅基地和住宅，成为促进增加农村集体和农民收入、城乡融合发展和推动乡村振兴的重要内容之一。2018 年中央 1 号文件指出，要“完善农民闲置宅基地和闲置农房政策”。2018 年 9 月，《乡村振兴战略规划（2018—2022 年）》进一步指出，要“盘活农村存量建设用地、加强乡村振兴用地保障”，这为盘活农村土地资产提供了依据和基础。2019 年 9 月，农业农村部发布的《关于积极稳妥开展农村闲置宅基地和闲置住宅盘活利用工作的通知》，对于农村闲置资产盘活的问题提出了相关要求，并且还鼓励在符合国家和地方关于宅基地管理、国土空间规划、用途管制、市场监管和传统村落保护等法律法规和政策基础上，要积极探索盘活利用农村闲置宅基地和闲置住宅的有效途径和政策措施，要“因地制宜选择盘活利用模式、支持培育盘活利用主体、鼓励创新盘活利用机制、稳妥推进盘活利用示范和依法规范盘活利用行为”。该文件还强调，这一过程的重点工作是利用闲置住宅，发展符合乡村特点的休闲农业、乡村旅游、餐饮民宿、文化体验、创意办公、电子商务等新产业新业态，以及农产品冷链、初加工、仓储等一二三产业融合发展项目。此外，该文件还强调“鼓励有一定经济实力的农村集体经济组织，可以对闲置宅基地和闲置住宅进行统一盘活利用”。

在实验过程中，万溪冲社区整合资金累计 4 000 多万元，共盘活闲置公房约 1 000 平方米、闲置住房 30 多处。

乡村学舍

万溪冲社区自 2019 年开展都市驱动型乡村振兴创新试验区建设以来，大量学术机构参与了相关工作，并在社区打造专家工作站、研究生教育实践基地等学术机构，试图将万溪冲社区建设成融合政策研究、实践指导、智库咨询等功能为一体的乡村振兴理论和实践载体。万溪冲社区是中国农业大学师生进行社会调查的重要基地之一，每年都有数十名中国农业大学教授、研究生驻村开展调研活动。另外，云南大学、云南农业大学、云南艺术学院等呈贡本地高等院校也相继在万溪冲社区开展了相关学术活动，万溪冲社区为各高校的农村社会调查提供了天然的实验场，正逐渐成为国内研究乡村发展问题的重要基地。

2019 年，中国农业大学研究团队成员开始启动位于万溪冲社区的云南省专家基层科研工作站建设的整体工作，通过进一步完善万溪冲社区的设施硬件、强化探索软件机制建设、挖掘优化资源价值，打通城市和乡村间的功能要素等方式，让城市的资本、信息、理念、人才等要素更有效地融入推进乡村振兴战略的工作中。专家工作站的落成既是万溪冲闲置集体资产盘活试验的一个阶段性成果，一种新业态，也是城市动能推动万溪冲乡村振兴的驱动器。

专家工作站由社区居委会邻近的闲置集体公房修缮改造而成，与其他实验区村庄一样，我们暂时命名为“乡村学舍”。“乡村学舍”占地面积134平方米，分为上、下两层，包括大型会议室、小型会议室、休息室、学习研讨室等不同功能的学术空间（图9-1）。“乡村学舍”的升级改造工作由中国农业大学团队指导，万溪冲社区牵头组织建设工作的开展、招标设计团队和建筑公司以及全程监督工程的实施。过程中将地方传统文化与现代设计理念相结合，一方面，在房屋架构上尊重传统、沿袭传统、贴合传统，保留了“三间四耳”传统民居的特色，竭力凸显传统民居的价值，对周边社区闲置资产盘活起到了一定的示范和带动作用；另一方面，“乡村学舍”在内部空间的设计上融入了现代元素，包括现代价值观念、艺术审美等，为激活村庄闲置资源要素提供了很好的参考经验。

图9-1　乡村学舍

基于我们中国农业大学的研究团队在乡村发展研究以及脱贫攻坚等领域有着丰硕的学术成果，在国内外学术界以及公益界也有不错的声誉，这些无形的资本给万溪冲社区也带来了一些资源，我们在万溪冲开展的乡村振兴实验工作吸引了国内很多知名的专家教授来到万溪冲，了解万溪冲并开始在万溪冲开展社会调查或学术和科研活动。专家学者的到来，一方面为万溪冲社区带来直接的经济效益，促进当地的经济发展；另一方面，专家学者们以万溪冲社区为依托所产出的科研成果，也在一定程度上增加了万溪冲在学术界的影响力和知名度，吸引了更多的学术团体来到万溪冲，从多方位不同视角促进万溪冲的乡村振兴工作，尤其是为万溪冲的村集体经济和村民收入的增加带来活力。

“乡村学舍”自2021年9月建成以来，社区已在此组织召开了大大小小几十次工作会议，为街道相关人员、社区干部、驻村工作队等群体召开专题会议、共同商讨社区发展规划、项目推进情况等也提供了重要场所（图9-2）。

图9-2　乡村学舍内召开会议

一方面，“乡村学舍”后续的投入使用，可以盘活万溪冲社区集体和农户自有的闲置农房，进而促进集体经济的发展和农户增收，增强社区活力。另一方面，“乡村学舍”借助该社区临近11所高等院校所在地的优势，为各高等院校或机构提供开展各类学术研讨会和调研会的场所，成为科研院所和高等院校与万溪冲社区科技结对活动的重要载体，促进云南省省级高层次农业人才、项目、科技、信息、资金等资源要素流向万溪冲社区，进而有助于社区周边高等院校科研成果的有效转化，使其惠及万溪冲社区整体利益和农户切身利益，促进社区相关事业的蓬勃发展。与此同时，该举措还能够对周边高等院校与万溪冲社区的产学研深度融合起到强有力的推进作用，深化当地高等院校与万溪冲社区的交流与合作，共同推进乡村振兴相关事业的纵深发展，以此达到合作共赢的目的（图9-3）。不仅如此，以“乡村学舍”为宣传窗口，还能助力打造“万溪梨镇”的多元功能，增强万溪冲社区的整体知名度，进一步打通万溪冲社区和外界沟通交流的渠道。

图 9－3　研究生室

下一步万溪冲社区计划依托其地理位置和交通优势，着手实现“乡村学舍”5G 无线网络全覆盖，并开发线上预约系统，有偿为周边高校、机构、企业等提供开展各类学术活动、校外活动、组织会议的场所，并将所得收益全部纳入万溪冲社区集体经济收益当中，最终实现有效盘活社区闲置集体资产增加集体收入的目的。

人才公寓

2019 年万溪冲社区被确定为昆明市都市驱动型乡村振兴创新综合实验区后，针对社区房屋空置，尤其是村庄传统民居的废置问题，中国农业大学团队在经过实地考察后，与社区商议共同决定将村口的一处闲置传统民居改造为特色民宿，人才公寓则作为特色民宿的一种新的形式而出现在万溪冲社区。起初人才公寓是以为信息产业园的白领阶层提供一个适宜的居住环境、吸引人才返乡创业以带动万溪冲的经济发展等为目标而建设的，但由于规划占地面积与实际可用面积不符等原因，以上目标未能完全实现。而现阶段人才公寓则是外来专家、教授和研究生等群体临时住宿、日常生活起居的主要场所，也是村里开展一些重要会议的场所。此外，万溪冲人才公寓作为传统民居“一颗印”的典型代表和样板房，也是社区进行对外宣传的主要场所（图 9－4）。

图 9－4　万溪冲社区人才公寓

“一颗印”式民居建筑，是典型的滇中地区建筑类型，极具地方特色。利用这一特色将闲置房屋改造成民宿是实验的规划，改造后的民宿占地面积约 150 平方米，大体上保留了原来“三间四耳”的房屋架构。为实现民宿功能的最大化，设计师在改造过程中将整个建筑分为两部分，中间以墙体隔开，各设大门，一侧为开放的办公和餐饮区，另一侧为相对私密的居住区。室内整体装潢以保留传统、贴合传统为原则，打造成传统民居建筑所具有的古朴、典雅风格。2020 年 9 月，民宿改造全部完成。此时正值采摘节之际，万溪冲社区抓住了时机，聘请专业团队制作了民宿的宣传片，与采摘节一同宣传，获得了不少关注。2021 年 3 月，社区为使民宿能够得到更为充分的利用，及时调整思路，做出将民宿改为人才公寓、并进行试点的决定。当前，人才公寓更多的是作为各专家团队成员来村的住所。平常之时，万溪冲社区也会根据需要自行利用或者接待重要宾客。当然人才公寓的功能不止于此，具体包括：

吸引人才。万溪冲社区作为都市驱动型乡村振兴试验区，在专家和政府的帮助下，在进行大致发展方向的规划和发展计划的制定之后，现在面临的最大的问题还是内在发展动力不足，人才短缺现象较为严重。在大城市生活节奏不断加快，城市人心理压力不断增大的大背景下，在一个气候适宜、生活舒适的环境中工作成为许多人的向往，而万溪冲人才公寓则是以此为基本出发点进行开发、规划和改造的。

研究生驻村基地。项目开展以来，我们和万溪冲社区合作打造研究生教育实践基地，按照先期约定，中国农业大学相关学科专业的研究生每年会驻村开展学术活动。其中中国农业大学烟台校区农村发展专业将部分学生的“实践考核”环节放置在万溪冲社区开展，学生需在村参与社区工作不低于10个月（图9-5）。人才公寓是驻村学生开展社会实践的落脚点，同时也是周边高校学生来村调研的重要接待场所。人才公寓的会客厅各种设备一应俱全，在这里驻村的学生在学习之余可以帮忙接待游客，社区干部、校外团队也可以在此召开临时会议。此外，为保证提供良好的学习、工作环境，万溪冲社区还为人才公寓配套了专门的保洁人员，负责日常卫生清洁。

图9-5　中国农业大学研究生在人才公寓研讨学习

民宿样板。民宿是万溪冲发展经济的一个重要方面，而人才公寓作为万溪冲的门面，它的设计以及样式是整个万溪冲社区民宿的典型代表。一方面，人才公寓展现了万溪冲民宿的特色和优越性，是万溪冲民宿的“宣传大使”“形象代言人”，吸引了许多游客前来参观和入住，进而带动了整个万溪冲社区经济的蓬勃发展；另一方面，人才公寓的标准代表着整个万溪冲民宿的基本标准，是万溪冲呈现给外界的一个民宿样板，它的规格、卫生、布局等诸多方面都是万溪冲“一颗印”民宿的典型（图9-6）。

总之，通过多方共同的努力，万溪冲人才公寓以其独特的建筑风格和

图 9-6　人才公寓书房

装潢设计，不仅为返乡创业人才提供了良好的居住环境，而且也为我们乡村振兴团队驻村的老师和学生提供了生活起居场所，为周围大学调研员提供了临时落脚地，为村级提供了接待重要客人和召开会议的场所。

“禾下”咖啡厅

咖啡，作为与可可、茶齐名的世界三大主要饮品之一，有着提神的作用。但咖啡并非只是一种饮品，它还是一种社交方式，更是一种文化，代表着时尚和现代，无论是在家、办公室，抑或是会议等各种社交场合，咖啡都是必不可少的。人们都喜欢饮用咖啡、品尝咖啡，尤其是很多都市青年，他们已经对咖啡产生了依赖。中国已成为世界上咖啡的最大消费国之一。根据哥伦比亚国家咖啡生产者协会的数据显示，中国的咖啡消费量从 2006 年的 2.6 万吨增加到 2018 年的 12.8 万吨，咖啡消费量 12 年增长 500%（姚瑶，2019）。

“我不在咖啡馆，就在去往咖啡馆的路上”，在世界各大都市里，咖啡厅（馆）是再寻常不过的一个休闲和社交场所了。自公元 6 世纪咖啡豆被人们发现以来，经过近 10 个世纪，直到 16 世纪才开始被欧洲大陆的众人所接受，到了 17 世纪，咖啡厅（馆）已经成为人们交换信息的主要场所，甚至对欧洲现代文明和经济的发展都起到了一定的推动作用。诸如《人间喜剧》等世界著名作品都是在咖啡馆中创作出来的，在牛津大学等思想和学术氛围浓厚的城市，咖啡厅（馆）更是人们开展沙龙、进行思想交流的重地。在中国，咖啡文化起步较晚，大概是兴起于中华民国时期，从其出现时日起，就成为新都市文化的一种标志而被人们所认知。并且和西方国家一样，也经历了一个从上层社会消费到大众普及化的过程，尤其是20世纪90年代以后，咖啡文化在全国范围内发展迅速。如今，星巴克、瑞幸咖啡、咖世家、上岛咖啡、太平洋咖啡、迪欧咖啡、漫咖啡以及两岸咖啡等这些我们熟悉的品牌，无论是在北上广深等国内的一线城市，还是在二线甚至是三线城市中都随处可见。当前咖啡已成为一种生活方式，与城市人口尤其是中产阶层的人们密不可分，人们在咖啡厅（馆）里或商业交往、或朋友小聚、或享受个人静谧时光。

在人们的认知中，喝咖啡或去咖啡厅消费是城市人的特权，代表着一种“现代化”的生活，并打上了“时尚”印记，其优雅的环境在年轻人中备受青睐，成为年轻人休闲娱乐，甚至办公的场所。推动都市驱动型乡村振兴实验，我们需要社区有年轻人的身影，不论是到社区创新创业还是游玩休闲，我们都希望能够在实验过程中得到年轻人的关注。在万溪冲打造一家不一样的咖啡厅的想法也由此而来，且愈发强烈。经过多轮讨论，在万溪冲拥有一间村民自己的咖啡厅也从想象变成了现实（图 9-7）。

图 9-7　建设中的咖啡厅

“禾下”咖啡厅占地面积150平方米，分上下两层，由两个小院合并而成（图 9-8）。两个小院一半为社区闲置公房，一半为社区居民的闲置老房。在明确用途后，万溪冲社区以集体的名义将村民闲置房屋部分长租到集体名下。咖啡屋的设计工作则交由云南艺术学院负责，从施工到改造完成，历时一年。

图 9-8　“禾下”咖啡厅

从咖啡屋的设计到后期改造，万溪冲社区全权交由云南艺术学院负责，共花费 60 余万元。在咖啡屋装修完成之后，村集体也将咖啡屋的经营权交给了云南艺术学院，每年收取 2 万元的出租费用作村集体收益。试营业半年以来，咖啡屋的营业额已超过 28 000 元。

“万溪冲社区之所以投入资金修建咖啡屋，是期待通过它引进一些人才，特别是一些大学生，在疫情期间，很多大学都是封闭管理，但以后肯定是要朝吸引大学生方向发展，让他们到咖啡屋消费。我们的目的就是发展我们的旅游业，不管用什么手段，就只有一个念头，就是吸引年轻人进来。”村委会的杨大姐说道。我们在调研访谈中了解到，咖啡屋也一直在尝试着举办一些活动来吸引年轻人，从而带动万溪冲社区旅游业的发展（图 9-9）。

图 9-9　游客使用咖啡厅场地布置求婚

在一次访谈中，云南艺术学院的向老师表示：“最初接下这项工作，也是源于自己的情怀，恰逢自己的专业是研究乡村板块的，那就想着为乡村做点事，实际上也没有什么特别多的想法。目前而言是想以乡村咖啡屋为对接乡村的窗口，一个是想将学校的资源引入到社区，结合社区的现有资源做些事情，再一个就是通过自身运营，建立一个校地联系的桥梁，然后让我们的学生们走出校门、服务社会，了解乡村、获得更为全面的教育……但目前来看，在经济上对社区没有起到太大的推动，这个是我比较遗憾的……”事实上，在我们看来，咖啡厅的建成和投入使用，不仅具有经济的功能，还具有现代文化融入乡村的功能，它作为现代性的符号之一，出现在万溪冲，所代表的现代乡村的一种新面貌、新业态。尽管在当前因新冠疫情的影响，经济收入方面距离预期的目标还有些差距，但从长远来看，仍非常值得期待。

民房流转①

随着城镇化进程的不断推进，农民对土地、对曾赖以生存的村庄的依赖程度明显降低，乡村的转型速度加快，农民“离土离乡”走向城市，农村“人走房空”形成了大量闲置宅基地（陆铭等，2021；刘守英和熊雪锋，2018）。2019 年 9 月，中央农村工作领导小组办公室等发文表示，鼓励村集体和农民盘活利用闲置宅基地和闲置住宅，通过自主经营、合作经营、委托经营等方式，依法依规发展农家乐、民宿、乡村旅游、康养度假等。2020 年 1 月 1 日起施行的新《土地管理法》中规定，禁止任何单位和个人买卖土地，但使用权可以依法转让。在政策的引导下，各地也出台了相关对策与建议。以此可以预见的是，未来几年内闲置农房将迎来快速增值的黄金时期，闲置农房的价值将得以显现。

农村的闲置资产，特别是闲置宅基地盘活时需要坚持以农民利益为主导，充分尊重农民的主体地位。围绕这一问题，我们首先需要考虑乡村有哪些闲置资产，再看如何进行市场化的盘活，最后再看具体的组织机制。

① 本节所讲的民房流转是指万溪冲社区居民将自家闲置房屋出租给外来人员或村集体，以供其进行经营活动等。

其核心就是让农民作为受益主体直接或间接受益。民房作为农民拥有的价值较高的固定资产，将其流转出去或者对外出租也能够获取相对较高的收益，因此在流转市场，民房往往被放在闲置资产的首要位置。如前所述，自 2014 年万溪冲社区推进“美丽乡村建设”以来，许多村民将自己多年的积蓄投入到自家房屋的建设当中，但是由于需要外出务工、从事其他经营类工作，村民在家居住的时间很少，这就导致了万溪冲社区房屋的大量闲置，大量民房的资产价值亟须激活。

2019 年以来，万溪冲社区一直在摸排社区内闲置房产数量、闲置原因，并积极探索如何将闲置民房进行市场化的盘活。调查的结果显示，万溪冲社区共有民房 519 栋，自住房屋有 360 户，宅基地占地面积合计 66 385.84平方米（约 100 亩）。万溪冲社区民房的宅基地占地面积并不均等，有 148 平方米、152 平方米和 176 平方米等不同面积和类型，多数农户每户有 3～4 人，房屋每栋有 3～4 层，人均宅基地面积较大。总体来说，社区内大量民房都处于闲置或半闲置状态，其中非农户闲置房 5 栋，总占地面积为 590 平方米；农业户闲置房 2 栋，总占地面积为 280 平方米；451 栋民居拥有部分闲置空间，即房屋的一层、二层或者三层处于闲置状态。

万溪冲社区因为紧邻城区和信息产业园，村里除了有本地户口的常住居民外，还有 400～500 名外来务工人员。万溪冲社区相较于城区房租便宜、交通便利，于是成为大量来昆明的外来务工人员的落脚点和暂住地。为了更好地利用这些闲置房产，万溪冲社区居民利用社区临近信息产业园区的地理区位优势，通过与信息产业园区深入对接，将自家闲置房屋租赁给园区职工或外来人才，但也有部分居民将自家面向街面一侧的整栋房屋出租，改造为农家乐、餐饮商铺等。

截至 2021 年 5 月，社区内闲置民房整栋出租的有 13 户，“自住＋出租”的有 57 户，其中出租给外来务工者开超市的有 11 户、开餐馆的有 10 户、开商铺的有 3 户。由于社区内整套闲置民房有限，社区居民大多将自家房屋中的一层出租出去。我们在访谈中了解到，这种“自住＋出租”类型的市场平均价格为一年 3 万元左右，分为短租和长租，其中短的有几个月，长的则几年。例如，社区居民杨大哥，53 岁，和儿子一起居住，家里的房子共有三层，杨大哥和妻子住第二层，儿子儿媳居住在第三层，第一层留有部分闲置空间，于是将一层出租给一个四川人开饭馆。2019—2021 年租金分别为 5 万元、3.8 万元、3.2 万元（因为疫情影响有所降低），房屋租金给杨大哥一家带来了可观收入，一定程度上缓解了家庭的经济压力。若按照这样的租金标准，仅估计“自住+出租”这一租房模式，预计每年能为万溪冲社区居民带来 200 万元的收益，大幅增加了万溪冲社区居民的财产性收入（图 9-10）。

图 9-10　社区内房屋出租广告

为了解万溪冲社区居民出租闲置农房的意愿，我们对当地居民进行了深入访谈。调查结果显示，有 50%的受访者愿意通过村集体或旅游公司统一管理经营闲置房屋，发展乡村旅游，38%的受访者愿意自己经营，仅 12%的受访者不愿意流转。我们在调研中了解到部分居民不愿出租自家闲置房屋的一个重要原因是担心承租方对房屋不够爱惜。例如，有村民提到，租房者的小孩会在出租房的墙面任意涂鸦，租房合同期满后还需花费一笔资金进行清理，觉得不值。

但总体而言，对社区内农房闲置部分的盘活利用，变资源为资产，是激发社区活力，提升社区经济的有效途径。一方面，盘活农户闲置房产，给当地居民带来了稳定且较为长久的经济来源，一定程度上提高了社区居民的财产性收入。另一方面，盘活社区闲置农房为保障乡村振兴用地需求、促进城乡融合发展提供了有力支撑。此外，这些闲置民房的流转也为万溪冲社区吸引来了更多长期、发展性的投资资源，带动了区域化的经济发展，提升了闲置民房利用的经济效益。

第十章

绿色发展　生态振兴

资源是乡村发展的基础，乡村的自然生态资源和社会资源共同构成了乡村独有的财富（李玲燕等，2021）。然而，伴随城市工业化的扩张和转移而来的乡村工业化，给乡村生态环境造成了极大的破坏，严重地制约了乡村的可持续发展。2005 年，时任浙江省委书记习近平到安吉县调研时引用《诗经》的“安且吉兮”赞美安吉，由安吉的名字联想到人与自然、人与人以及人与经济发展的和谐等，提出了“绿水青山就是金山银山”的科学论断。党的十八大以来，习近平总书记的“绿水青山就是金山银山”“冰天雪地也是金山银山”等强调生态环境保护的绿色发展理念已日渐被地方政府所理解和接受，并付诸实践。2021 年 9 月，中共中央办公厅、国务院办公厅印发的《关于深化生态保护补偿制度改革的意见》中强调指出，要“聚焦重要生态环境要素、完善分类补偿制度，围绕国家生态安全重点、健全综合补偿制度”，为维护生态安全、奠定乡村可持续发展的生态环境基础、建设“天更蓝、山更绿、水更清”的美丽中国提供了坚实有力的制度保障和行动依循。

作为乡村自然环境和社会环境的“代表”，农村人居环境直接关系着农村居民的健康和福祉，关系着农村可持续发展的潜力和能力。早在 2014 年，万溪冲社区就通过“美丽乡村建设”展开了人居环境治理行动。有了这样的基础，万溪冲社区在相关政策的指导下，人居环境、生态环境进一步提升，也为万溪冲社区充分利用梨园、周边森林等生态资源，开发户外运动、旅游观光等，有效实现村庄特有生态资源价值奠定了基础。而依托绿水青山、田园风光和乡土文化等资源，开发创意农业、农耕体验、教育农园、休闲度假、旅游观光等多样化、多业态的产业发展，也是万溪冲实验的重要内容之一。

山林作为资源

数千年来人类不断地试图适应自然、改造自然，古人为我们留下了许多时至今日仍旧熠熠生辉的道理，如荀子在《荀子·天论》中说，“强本而节用，则天不能贫；本荒而用侈，则天不能使之富”；《荀子·王制》中指出：“草木荣华滋硕之时，则斧斤不入山林，不夭其生，不绝其长也”；《诗经·周颂·时迈》则云：“怀柔百神，及河乔岳”。这些古训除了告诉人们在与自然相处的过程中要尊重客观规律，合理开发，利用资源应有节制之外，更是直接点明了自然资源对人类生产生活的重要性。

山林作为自然资源中不可忽视的组成部分，在人类生存与发展中发挥着重要作用，是产业扶贫和乡村产业振兴的重要支撑（魏秀华和杨建州，2020）。具体而言包括：一作为原材料物质，为人类提供食物、燃料、建筑材料等，满足当地人的物质需求之余，也可以转换为经济收益；二具有环境生态效益，良好的山林环境是维护生物多样性的必要条件。一个完整的山林生态环境是基因库、碳贮库、蓄水库，在调节气候、净化空气等方面作用显著。此外，山林还具有社会功能，适宜的环境是人民对美好生活向往的应有之义，并可以此为基础发展产业，提供就业岗位，成为发展区域经济的重要推动力（卢兰万，2006）。然而，当前我国对于山林资源的开发仍然相对粗放，山林资源未能充分发挥其价值。对此有学者指出，乡村产业兴旺的关键是活化农村因在工业化时代不被定价而长期沉淀的生态资源，应着力实现资源价值显化和价值增值（温铁军等，2018）。

万溪冲的森林覆盖率达72%，是国家地理标准农产品“呈贡宝珠梨”的核心种植区，山林资源丰富性毋庸置疑（图10-1）。近些年来，随着政府与社区的关注和重视，森林生态得到了较好的保护。2013年以来，万溪冲社区先后被评为“市级美丽乡村建设示范村”“省级美丽乡村”“省级森林乡村”。为深入发掘各县区森林乡村创建典范、努力营造全民参与森林乡村创建的良好氛围，昆明市林草局组织开展了“昆明市十大最美森林乡村”评选活动，结合广大网友票选成绩及专家组实地考察评估结果，最终确定昆明市 2020 年十大最美森林乡村名单中，万溪冲社区再次上榜。万溪冲的山林之美远近闻名，但资源变现渠道较窄，没能与社区产业发展形成联动效应。针对这一问题，因地制宜培育相关产业，实现生态资源变现是都市驱动型乡村振兴实验需要考虑的重点。

图 10－1　万溪冲的山林

既有实践中，利用森林景观发展山林旅游业已有非常多的成功案例。山林旅游是近十几年随着旅游热的升温而出现的概念。是在科学评估风险和收益的前提下，以整个山林生态系统作为主体，以山林环境作为主题背景，进行相关旅游产品的开发，并通过相关活动，带动住宿、餐饮、购物消费等的一种经济业态（贾苗苗和刘斌，2020）。相较于以伐木为主的山林资源转换方式，利用山林景观发展森林旅游业，一般对山林的生态功能破坏较小。这一做法既发挥了当地的自然资源优势，又易于发展现代农村优势产业，能够更高效、更长久地提升山林资源开发的经济附加值。结合社区现有资源，经过多轮论证，万溪冲社区依托山林景观修建了呈贡校外劳动教育实践基地、环山自行车道以及登山步道，增加了社区设施的丰富性。同时，生态资源的盘活是一套系统工程。在万溪冲社区的实践中，将山林生态与宝珠梨文化、农耕文化紧密结合，以山林的自然景观为载体，融入了历史人文景观的山上山下联动的新设计，吸引了更多游客，为本地村民创造了新的就业岗位，发挥了生态、产业和文化的综合效应。

森林防火

随着人们对优质生态产品与优美生态环境需求的不断提升，森林资源的重要性日益凸显。与森林缩小与保护相关的话题时常冲上互联网热点，成为公众热议的话题。例如，2019 年亚马孙热带雨林的大火，牵动着全球人们的心。当我们后知后觉地将镜头转向亚马孙雨林的时候，熊熊的烈火已经一发不可收拾，快速地席卷着亚马孙雨林，树木摧毁，大量的野生动物因此遭殃。

森林是一座宝库，但在很长一段时间内，人们对森林的利用方式都以伐木等掠夺式、粗放式的利用形式为主，其内含的生态价值、社会价值以及经济价值尚未得到充分体现和转化（贾晋、刘嘉琪，2022）。随着乡村旅游产业的持续升温，各地纷纷瞄准乡村的生态资源，尤其是森林资源。借助“森林氧吧”“森林公园”的名头吸引游客到村消费，将生态资源转换为经济收益。然而，生态保护与经济发展之间的矛盾从未完全得到消除，在森林资源价值实现的过程中，保护与破坏交替进行，如何实现森林资源价值仍然是振兴乡村过程中绕不开的关键问题。

前文我们已经详细描述了万溪冲社区的山林资源，山上有保护更为完整的梨树、有景色秀丽的水库，能够遥望滇池，在每年 6—10 月的菌季，上山采菌子也是社区居民的一大传统。因此在讨论如何发展万溪冲社区的产业时，大家都默认将其作为一项能够直接利用的资源。尤其是在社区与企业成立万小溪乡村旅游开发有限公司后，时任乡村 CEO 的毛总非常看好后山的开发前景，他认为：“单纯以万溪冲现有的村庄设施不足以支撑一个村的乡村旅游产业，要想招到有实力的‘大商家’到村投资，势必要围绕万溪冲的后山‘做文章’。”然而，不论是中国农业大学团队还是企业等“外来人”围绕此问题的热烈讨论在社区层面并没有众人想象中的“一拍即合”。社区干部与村民们关注的核心问题在于：森林防火要怎么落实?

云南省是全国重点林区省份之一，也是全国乃至全世界生物多样性最为富集的地区之一，是中国西南的生态安全屏障，生态区位十分重要。万溪冲辖区属于山育林区，具有森林郁闭度高、环境承载力强等优势，是昆明市乃至滇中区域的重点生态保护屏障之一。因此，万溪冲社区每年的防火压力都十分巨大。社区每年的 12 月至次年的 6 月都是森林防火期，在此期间社区会在进山必经道路设置路障，实施封山管理，限制相关公职人员与村民之外的人员上山。即便是村民上山也限制使用火种，严禁在防火期间使用明火，违者轻则被警告罚款，构成犯罪的将追究其法律责任。社区干部的压力同样巨大，履行责任不力或者防范不力的尤其是出现火灾的情形必然会被上级领导给予处罚，因此社区干部对此非常慎重，即便知道经营好后山的森林资源对社区十分有益，也相当慎重。在一次乡村振兴工作推进会上，会议室外的公路上传来了消防车的鸣笛声，会议发言立马被社区干部打断。社区干部及街道工作人员纷纷离席，各自掏出手机，身体上半身伸出窗外远眺后山，并给各防火卡点打电话询问情况。众人表情严肃，直至获取消防车只是路过社区的准确信息后，众人才纷纷落座，会议继续开始。显然，在不能妥善解决森林防火问题，或者说不能将其隐患减弱至最低的情况下，一切森林开发的内容都有些不切实际。

那么，要如何平衡好森林保护与开发之间的关系，实现经济效益与环境效益的兼顾？万溪冲的具体思路和做法是：首先，明确山林资源在万溪冲社区经济发展中的作用，并严格遵守政府部门下发的森林防火细则。以此为基础，从完善硬件设施、加强巡视防控、细分时间节点，不同时间节点采取强度不同的管控方式进行平衡（图 10－2）。对此，社区采取了三个方面的措施：一是通过政府投资，修建了森林防火人行塔道，其既有防火应急的功能，又兼具游客旅游登山的作用。二是在社区充分评估后，将森林防火卡点往山林核心区域迁移，并在山脚下进行布控，对于上山人员进行登记与宣传。三是社区与主管部门进行协商，在 3 月至 5 月底的森林高火险期仍采取封山管理，其余相对低风险期则加强防火管控。目前，村庄共聘请了 12 名村民作为防火护林员，这些护林员每天上午下午会分别绕山巡视一次，实时监测是否有火灾情况，从预防和事后解决两个方面有效地进行森林防火。

万溪冲社区干部表示：“只有防火工作做好了，才能想办法资源变现，不然山上一冒烟大家都承担不起。”在森林防火人行塔道（登山步道）正

图 10-2　森林资源开发中的防火标语

式投入使用后，不少游客慕名而来登高望远。一名社区工作人员说："最怕吸烟的游客，这个季节这么大的风，发生点什么事情他可能要坐牢的。"随后他又说道："目前天气晴朗的话上山游客的人流量还是可以的，如果把这些米线、矿泉水、泡面运到上面卖，肯定很不错，我们到别处去玩的时候一桶泡面要 15 块钱呢。"可以说，保护好森林资源是生态资源价值实现的根本基础。

教育实践基地

自 2013 年以来，习近平总书记多次号召中小学加强劳动教育。他强调"人世间的一切成就、一切幸福都源于劳动和创造"，中小学生"通过劳动和创造播种希望、收获果实，也通过劳动和创造磨炼意志、提高自己"。在 2018 年全国教育大会上，习近平总书记再次强调"要在学生中弘扬劳动精神"，将劳动教育纳入培养社会主义建设者和接班人的规格要求深刻回答了"为谁培养人""培养什么人""如何培养人"这一根本问题。但是在中小学推进劳动教育的实践探索中，由于缺少进行实践体验的劳动基地和劳动课程，或忽略中小学生作为"特殊劳动者"的视角，因而劳动内容单一，劳动形式乏味，导致儿童在成长过程中缺乏对劳动知识和劳动技能的掌握，更难以塑造劳动精神。

2020 年 3 月中共中央、国务院印发了《关于全面加强新时代大中小学劳动教育的意见》通知，将劳动教育纳入大中小学必修课，并将劳动素养纳入学生综合素质评价体系，系统加强劳动教育。2020 年 11 月云南省委、省人民政府印发《关于全面加强新时代大中小学劳动教育的实施意见》，这表明研学旅行和劳动实践教育得到政府部门的高度重视，并在学校正式推广开来。同时，教育部门也采取了一系列措施加强劳动教育，出台多项政策鼓励支持做好校外劳动教育实践基地“小农场”建设相关工作。因此，最近几年诸如自然教育、劳动教育、营地教育、军事营等主题概念越来越让社会大众耳熟能详，加上以国家政策为主导的研学实践教育持续升温，让整个劳动素质教育上了一个新的台阶。

万溪冲社区结合中央、省委关于加强中小学生劳动教育的有关文件精神，发挥社区城乡融合地区的独特区位优势、交通优势以及 4 600 余亩梨园和 11 350 亩林地资源优势，坚持“地尽其利、物尽其用、人尽其才”的原则，于 2021 年 7 月与云南梵溪创业孵化器管理有限公司合作，在登山步道和自行车道的交汇点，利用 65 亩社区集体土地共同规划校外劳动实践基地的整体建设（图 10－3）。由万溪冲果蔬专业合作社投资建设基地的基础设施，云南梵溪创业孵化器管理有限公司负责基地的运营管理。教育实践基地作为开展校外劳动实践教育的载体，可同时容纳 1 200 名中小学生开展劳动实践。

教育实践基地总体建设规划分三期完成。一期建设包括基地选址、硬件建设及软件课程内容设计。在一期建设过程中，万溪冲社区负责实践基地的选址和基础设施建设。运营公司综合周围生态环境、地理优劣势、人文历史等方面的考虑，做出建设适合农耕园艺类实践基地的判断，设计开发时令农事班、种植班、炊事班、玉米班、土坯班、编织班、木工班等课程。二期建设根据区域特有的自然生态资源进行规划改造，打造带有地域特色主题的可供开展冬夏令营、林下烧烤、周末亲子游、团建拓展活动等功能区。通过这些活动，将有效带动宝珠梨深加工、宝珠梨文创、餐饮、旅游、民宿等产业融合发展，实现山上和山下联动发展，将万溪冲社区生态资源优势最大程度地转变为生态产业优势。

图 10-3　校外劳动教育实践基地

实践基地按照国家中小学校外劳动教育相关政策要求，采用“1+N”服务模式，即1个免费农耕教育活动，N个自主选择的农事主题教育活动。在确保师生可以圆满完成校外劳动教育教学任务和要求的同时，开创性地设置N个形式多样、内容丰富、符合不同学龄段学生特点的、可自主选择的付费农事主题教育活动。这些课程作为对校外劳动教育的补充和拓展，充实和升华了校外劳动教育的内涵，有助于在尊重学生自主选择与促进个性发展的基础上，落实劳动教育课程目标。与此同时，校外劳动教育培训师、农耕达人导师、中小学生研学导师等一系列新兴职业也应运而生。

教育实践基地是一个集实践、体验、娱乐等活动于一体的多功能基地。在充分考虑中小学生动手实践需求的基础上，建设有农田、梨园、主题教室、埋锅造饭、池塘等室内外研学实践场所，以及多功能小广场、农耕文化长廊、综合服务区等功能区（图 10-4）。农田以保护宝珠梨树、不改变土地利用性质为原则，种植有向日葵、苞谷、油菜花、小麦等农作物，成熟之后可供学生体验采摘活动，也可在农田里体验使用传统耕田工具，或进行土坯制作；池塘育有泥鳅、鱼苗，可供中小学生开展捉泥鳅或捕鱼等趣味性强、内容丰富的比赛活动；基地建设有20个埋锅造饭位，配备20个洗菜池以及排水沟等配套设施，供学生亲手制作食物，体验埋锅造饭的乐趣；多功能小广场用于学生集合、表演、总结汇报等；基地订制了8个集装箱用于主题班开设、设立综合服务区，配有小超市、办公室、工具房，主题班设有制作秋梨膏课、耕地播种课、古法扎染课等，学生、游客可通过这些文化研学产品课程感受和体验原乡、原俗的农事活动，当地乡村所承载的农耕文明价值得以表达、传递、转换和储存（图10-5）。

图10-4　校外实践基地活动现场

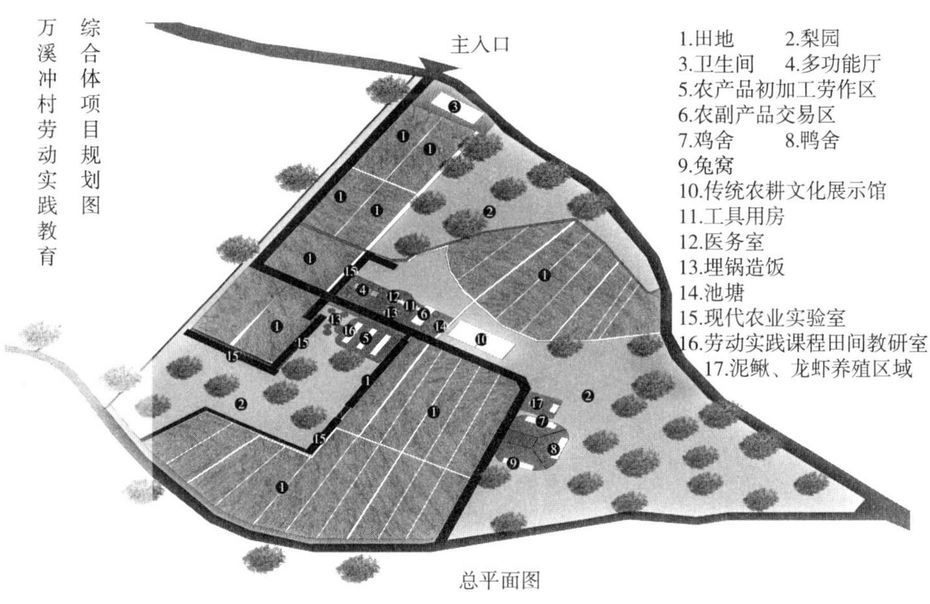

图10-5　教育实践基地平面图

在打造具有本地特色的教育实践基地的过程中，社区的生态要素转变为资源要素，拓展资源变现通道，实现了生态价值的创造性转化。具体来说，教育实践基地的建设和运行，具有以下作用：

一是提供了传统农耕文化的“记忆之地”。教育实践基地将宝珠梨文化、创意农事活动体验等乡村特色文化和实践教育相结合，丰富了研学旅游的内容形式，研学旅游也帮助万溪冲扩大了传承其文化遗产的群体规模，将其文化内涵传递给中小学学生，特别是项目中研学旅行项目的实施，能够很好地将万溪冲社区非物质文化遗产、少数民族文化、扎染制作工艺、银器制作工艺、万溪冲社区农耕文化等进行保护和传承，促进乡村民俗文化振兴。同时这些工艺劳动也是一种人格教育，学生在劳动期间同时伴有身体活动、科学探究、语言表达、社会交往等行为的发生，更加注重中小学生内在的劳动品质和人格形成。

二是增加了社区居民就业。教育实践基地的建设过程中，共计有 50 余名村民参加绿化、种植、基础设施建设等工作。基地运营还配备保洁、安保、绿化管养、农耕达人讲师等，提供近 20 余个适合村民的长期岗位。在项目具体实施过程中，参与人员还包括：督导员、导游、研学旅行导师、安全训练员、驾驶员、餐饮服务人员、队医和辅导员等众多不同行业人员，提供近 200 人次的工作岗位，给万溪冲社区的村民带来了更多就地就近就业的机会。

三是实现了保持生态价值的同时增加了经济价值。教育实践基地面向呈贡区 30 余所中小学 10 万余名师生开放。据负责教育实践基地的何总介绍，寒暑假以外预计实践基地每天约接待 300 余名学生，每年则可为万溪冲社区带来参加素质教育的中小学生约 10 万人次。以此为契机，社区还积极谋划和筹备由社区集体公司为学生供应营养餐、劳动工具、饮用水和小食品等，这些都将会成为万溪冲社区集体经济收入的来源，加上每年地租收益 13.5 万元，预计项目年产值可达 2 000 万元。2021 年 11 月至 12 月，尽管受到疫情的影响，教育实践基地仍能获得 30 余万元收入。

自行车道、登山步道

党的十八大以来，以习近平同志为核心的党中央站在人类历史发展进程的新高度，把坚持人与自然和谐共生、坚持“绿水青山就是金山银山”、坚持良好的生态环境就是最普惠的民生福祉等作为新时代推进生态文明建设必须坚持的原则。党的十九大报告强调："坚持人与自然和谐共生。"《乡村振兴战略规划（2018—2022年）》中也再次提出，"坚持城乡融合发展和坚持人与自然和谐共生，推动形成城乡融合的新型城乡关系，并严守生态保护红线，以绿色发展引领乡村振兴。"这为推进美丽中国建设，促进生态资源价值实现提供了根本遵循。

在人类历史发展历程中，人与自然的关系经历了从依附自然到利用自然、再到人与自然共生的发展过程。今天，人类社会正日渐达成这样的共识：人与自然在本质上是相互依赖、相互共生的。一方面，大自然为人类提供必要的生存、生产资料；另一方面，人类对自然合理的利用和改造又会使自然更好地满足人类的需求，形成一个良性的循环。基于此认识，万溪冲社区坚持以习近平生态文明思想为指引，始终牢记习近平总书记所强调的"要把生态环境保护放在更加突出位置，像保护眼睛一样保护生态环境，像对待生命一样对待生态环境"。"生态兴则文明兴，生态衰则文明衰"，尊重自然、顺应自然、保护自然，是发展生产力的前提。过去两年多的实验中，万溪冲依托现有生态资源，坚持保护促发展，将生态振兴全面融入乡村规划发展的各个方面，通过开发户外运动、旅游观光等，探索绿水青山向金山银山转化的有效路径。

自行车道

万溪冲以山地为主，拥有林地9 746.8亩，林木覆盖率达到65.30%。整个村庄被梨园包围，村域三面环山，山峦起伏，群峰棋布，支脉绵延，古有"梁峰兆雨""白云兆雨""罗藏秋色"三景之称。机耕道路两侧种植了各类梨、桃等果树的生态果园。每年3月梨花盛开时，景色甚为壮观，吸引着大量游人前来赏花，良好的生态环境为发展乡村旅游业提供了坚实基础。

万溪冲社区为打通山上山下生态廊道，在原有机耕道路的基础上进一步修缮全长为9.2公里的道路，并按照标准自行车赛道建设，铺设其中的6.72公里彩色沥青作为自行车道（图10-6）。自行车道的起点位于万溪冲幼儿园，绕宝珠梨园一圈，终点回到万溪冲幼儿园。骑行道路全段右幅铺设绿色塑胶防滑路面，左幅铺设红色塑胶防滑路面，使骑行步道与梨园景色合一。自行车道包含了自行车骑行道、两侧景观和配套服务设施，是万溪冲社区打造生态旅游项目的重要一环。为提升游客骑行体验感，万溪冲社区进一步美化了自行车道两侧环境，由街道与社区牵头，动员云南大学等附近高校学生、机关党组织、社区党员、群众在内的200余人，在自行车道两侧平整土地，栽种波斯菊、向日葵等花卉，进一步提升了游客的骑行乐趣。同时在村口和自行车道中间路段配置了两处自行车站点，以满足骑行爱好者的需求。

图10-6　自行车道

该自行车道是一条线性开敞空间的景观游憩线路，连接着梨园、登山步道、教育实践基地、居民聚居区等场所，利用沿岸梨园风光、景观美化，开发生态旅游、休闲度假、户外运动等多种主题的户外活动，形成体验式的自行车骑游系统。自行车道除了具有生态保护的基本功能之外，在与社区环境互动中形成辅助社区交通、承担休闲游憩等作用。由于自行车道与村庄主干道路相连，因此在农忙时节，自行车道和机耕道路两者并用，能够更有效率的将农资运至田间地头，将丰收的梨果运到市场售卖，满足村民的农事需求。农闲时可承办各类非专业级自行车比赛，游客可以在骑行过程中近距离赏花、摘果，体验农事乐趣。2021年在自行车道上已经举办了两期呈贡区环保骑行赛，共有超过800人次在此参加比赛（图10-7）。

图 10－7　万溪冲自行车比赛

此外，新修缮的自行车道将山上风光与村庄内商业步行街接通，使宝珠梨不再仅是一种水果，而是一种景观，强化了其观赏属性，梨园成为游客们的“网红打卡点”，提高了村庄的整体可玩度，延长了游客在村时间，为万溪冲村民增收又提供了新的创新点。

登山步道

为了充分挖掘和更好地利用当地的自然景观、森林环境、休闲养生等资源，万溪冲社区积极引入森林康养、休闲养生产业发展的先进理念和模式，并结合当地实际，以当地森林资源及生态环境为依托，探索建设登山步道。

建设登山步道是万溪冲社区在生态文明建设理念、美丽中国战略引领下做出的重要决定。2020 年万溪冲社区通过座谈访问、专家咨询、现场调研等方式，自上而下，实行层层控制落实，确保登山步道的线路走向符合国家要求。2020 年 10 月登山步道获得林勘批复和立项批复，11 月中旬项目获区政府常务会审议通过。实验团队在设计初期提出对森林防火人行塔道进行旅游化改造，2021 年 3 月底开始采用森林防火、人行塔道的方式进行建设登山步道，严格遵循人与自然和谐共生的规划理念，以“以道观之，物无贵贱”的平等眼光尊重万物的生存权利，利用原有古道、废弃道路，降低建设强度，尽可能做到“无痕山林”，有效保护弥足珍贵的荒野特征。

登山步道全长 4 611.54 米，按《国家登山健身步道标准》设计，路面采用浆砌片块石路面，设置防护栏，步行全程一圈约为 3 小时（图 10－8）。

图 10－8　万溪冲登山步道

绿水青山就是金山银山。登山步道穿越万溪冲著名山脉和典型森林，邻近梨园，是一处游客、户外运动爱好者的森林养生空间。平时除了具有森林防火、解决突发火情的作用外，同时兼具健康运动、休闲娱乐、观景游憩等功能。万溪冲社区在后山景色秀丽处建有 8 处观景平台，游客可在每年 5—11 月（当地雨季）拾级而上，登高望远，俯瞰山川，远眺滇池。

2021 年春节期间，每天约有 1 000 多位游客登山赏景。在一次登山中我们碰到一位年轻游客，他告诉我们，“很早之前他就听过这边山景不错，但是因未修建相应设施，登山有很多不确定因素，所以未能前行……这几天通过抖音短视频看到这边已经修好了步道，便想着周末带着朋友一起来锻炼一下身体。”一起下山的途中他又表示：“万溪冲的山距离呈贡区很近，来一次非常方便，很符合现代年轻人周末休闲的习惯，未来他肯定还会再来。”

登山步道项目建设整合社区旅游产业资源，串珠成链，囊括了万溪冲社区后山的风景精华，将万溪冲社区的山、水、林、景有机地串联起来，是万溪冲社区的一张新名片，既是自然与文化的聚合体，也是美丽山脉、林脉和文脉的实物载体。肩负着万溪冲生态教育、休闲服务、经济增长等诸多使命，对加快社区生态文明建设、促进生态共享和助力乡村振兴意义重大。同时，登山步道将人融入自然万物之中，以此引导人们真正认识到人与自然是生命共同体，树立尊重自然、顺应自然、保护自然的全新理念，实现人与自然和谐共生。

生态停车场

新发展理念是必须要把生态环境保护放在首位，要尊重自然并合理地利用自然来促进发展。如前所述，万溪冲每年的梨花节和采摘节期间，游客众多而且多是自驾私家车来到村里，而这带来的一个直接影响便是车辆停放的问题。尤其是“万溪梨镇”建成后，更多的游客和观光客以及教育实践基地的中小学生的到来，让万溪冲村内村外的停车场更加拥挤不堪，而需要重建停车场。那么，如果继续沿用之前的硬化地面的方式来建设和使用停车场的话，毫无疑问对土地的破坏将是不可逆的。因此，为了解决保护生态与停放车辆之间的矛盾问题，在实验过程中我们决定万溪村一定要建设生态停车场（图 10－9）。

图 10－9　万溪冲社区生态停车场

生态停车场是指在生态学理论的指导下对其环境因地制宜采用绿色基础设施，在符合生态性要求的同时又能满足停车场的实用性、安全性、景观性等多方面的要求（侯嘉琳等，2017）。与传统停车场不同的是，生态停车场首先注重的是“生态”，目前社会经济发展中“生态”一词所涉及的范围和领域越来越广，人们通常用“生态”来描述和定义美好的、和谐的事物（韦娜，2012）。生态停车场不仅要平衡当地交通的需求，满足广大游客和村民对停车场的需求，还要考虑到停车场和当地自然生态环境特点相结合，将生态融入其中的同时突出当地的生态特色（梅雨，2018）。

生态停车场建设过程中尊重自然、利用自然的意思就是要结合实际对停车场的位置和用材进行选择。由于万溪冲社区内用地面积有限，并且为了方便游客停泊车辆，万溪冲社区根据总体规划，将生态停车场选址在村庄西面进村道路的北侧，水厂的西北侧。这里地势较为平坦，周边环境良好，是建设社区生态停车场的最佳地点。万溪冲社区摒弃了传统停车场的建设理念，引入了生态学理念对生态停车场进行规划设计，并于 2020 年 6 月开始对生态停车场进行前期场地平整工作。生态停车场的建设注重运用生态材料和植物来营造更为绿化环保的停车空间，以减少对周围环境的不利影响。万溪冲生态停车场在建设过程中采用“8”字形空心砖铺设地面，以避免停车场的过度硬化造成地面积水以及对土壤的不利影响。

为了更好地满足生态停车场的要求，做到景观层次丰富的同时与周围环境整体协调一致，万溪冲社区经过综合考虑，在 2021 年 12 月又移栽了一批宝珠梨树至生态停车场，以草皮铺设、宝珠梨绿化的形式建设，尽可能最大程度地减小径流雨水对种植土壤的冲刷和污染，在最大范围内保留了土地的自然机理的同时，也提升了停车场生态化景观的可持续性。此外，生态停车场的地表铺装也进行了人性化的处理，采用绿色的铺装将地表原有铺装进行装饰，使其摆脱原有的枯燥单调的铺装结构和模式，从而提升停车场的艺术效果和景观观赏效果，也让停车场的设计和存在成为社区资源的一部分。

经过几个月的打造后，万溪冲生态停车场于 2021 年 9 月完成了建设，总占地 21.94 亩，长 162 米，宽 85 米左右，可提供 170 个小车停车位、8 个大巴车停车位、3 500 余平方米的草坪活动广场（兼具非标足球场功能）以及 50 多个农产品摊位。万溪冲生态停车场紧临福宜高速桥引桥的连接线，车场建成后为上下高速和进村车辆停泊提供了便利，另外也成为展示社区、推广社区的窗口。生态停车场对面三角地地块为空地，今后也将随着需求的变化为停车场的扩容提供了可能。

万溪冲生态停车场的建成，使万溪冲社区具备了更为完善的功能和优美的景观。一方面，停车场的建设结合了当地的景观特征，促成了其与周边生态景观的协调统一，为当地居民提供了一个良好的停车环境。另一方面，生态停车场还承担起保护社区生态环境的功能，对改善周边环境起到积极的作用，使社区生态效益大大提升。

第十一章

普惠金融　提振经济

实施乡村振兴战略，首先必须解决钱从哪里来的问题，确保优先保障财政投入。在此基础上大力发展农村金融、撬动社会资本参与乡村振兴，而这就对财政涉农资金整合有了新的要求。近年来，我国在持续加大支农投入力度的同时，积极探索建立涉农资金统筹整合长效机制，进一步优化财政涉农资金供给，提高资金使用效益。

围绕乡村振兴战略，2017 年 12 月国务院办公厅发布《国务院关于探索建立涉农资金统筹整合长效机制的意见》（国发〔2017〕54 号）（以下简称《意见》），要求按分类施政的原则，推进农业发展领域行业内、行业间涉农资金从预算编制和预算执行两个环节进行统筹整合，改革完善涉农资金管理体制机制。2018 年《乡村振兴战略规划（2018—2022 年）》再次强调推进行业内资金整合与行业间资金统筹相互衔接配合，加快建立涉农资金统筹整合长效机制。为了贯彻落实《意见》精神，2018 年云南省也出台了《云南省人民政府关于探索建立涉农资金统筹整合长效机制的实施意见》（云政发〔2018〕56 号），要求构建形成农业发展领域权责匹配、相互协调、上下联动、步调一致的涉农资金（涉农专项转移支付和涉农基建投资）统筹整合长效机制。

涉农资金整合

在昆明都市驱动型乡村振兴创新实验区建设过程中，面对现实中“每个部门手里都攥着一把米”，涉农资金管理存在资金碎片化、项目随意化、效益低效化等问题，为了提高到村到镇涉农资金管理使用效率效益，昆明市实施乡村振兴战略工作领导小组办公室按照“渠道不变、充分授权、改革创新、提高效益、周密实施、防范风险”的原则，制定了《呈贡区探索建立涉农资金统筹整合长效机制实施方案》（呈政办发〔2020〕34号）、《昆明都市驱动型乡村振兴创新实验区建设资金整合方案——呈贡区吴家营街道万溪冲社区涉农资金整合试点方案》（呈乡振办通〔2020〕2号）、《呈贡区金融支持乡村振兴战略实施方案》（呈农信联〔2020〕1号）等相关政策，进一步完善和健全了涉农资金统筹整合工作制度体系，进一步规范了涉农资金项目管理。这些举措既可保证社区建设资金专款专用，又可促进农业与其他产业的融合发展，同时也体现出涉农资金整合政策的制定将更趋近于用系统化的思维来解决复杂的“三农”问题。

一方面，市区（县）两级按照“渠道不乱、用途不变、集中投入、各负其责、各记其功、形成合力”的原则，统筹安排各类功能互补、用途衔接的涉农资金，集中财力推进实施好万溪冲实验重大项目。涉农资金整合以万溪冲社区都市驱动型乡村振兴实验区建设任务为目标，按照“多个渠道进水，一个池子蓄水，一个龙头放水”的资金整合要求，统筹整合了各层级、各行业、各渠道的财政涉农资金。具体整合的资金包括：区农业农村局乡村振兴和实验综合示范村工作经费、街道拨付昆明都市驱动型乡村振兴建设工作经费、昆明都市驱动型乡村振兴创新实验区市级补助经费、昆明都市驱动型乡村振兴创新实验区专班工作经费、昆明都市驱动型乡村振兴创新实验村工作队队长工作经费等，从而使得万溪冲实验村的众多项目能够在较短时间内获得资金支持，保障万溪冲实验村各项目建设的资金投入。

另一方面，万溪冲通过发挥财政涉农资金的引导作用，撬动金融资金和社会资本投入乡村振兴。一是与呈贡区农村信用合作联社开展“整村授信”的金融服务活动；二是社区积极引导社会资本参与村庄建设。采取“筑巢引凤”“抛砖引玉”等激励机制，积极吸引各类社会资本参与商业步行街与教育实践基地的运营、乡创馆布展和文创产品打造等多个项目，充分调动民营企业、高校团队、农民群众等各方参与的积极性，大力推进社区产业发展。如前所述，2021年已有包括“梵溪公司”“中国邮政”在内的多家企业正式入驻万溪冲社区，参与乡村振兴实验村建设。

通过多渠道整合筹措资金、以示范村镇或重点项目承接资金、规范高效拨付使用资金的涉农资金整合模式，万溪冲社区整合投入各类资金共计4 354.25万元。其中，市级财政投入 460 万元，区级配套资金投入1 270.29万元，整合其他项目资金 2 481.96 万元，投工投劳折合资金 2 万元，社会资本投入 140 万元，有效地保障了万溪冲社区都市驱动型乡村振兴实验的有序实施。

为确保万溪冲实验村涉农资金使用规范、运行安全，万溪冲社区建立了与统筹整合相适应的监督管理制度体系，以加强对实验村各项目资金的管理。呈贡区纪委监委、区政府目标督促办公室、区审计局等部门发挥自身优势，对整合工作推进不力、效果不佳的单位进行督促监管，严肃追究相关责任人在工作中发生的违规违纪行为，保障了整合资金落到实处。在具体实践中，整合资金使用由吴家营街道办事处统筹管理、统一拨付。整合资金原则上只能用于实验区建设项目，超出实验项目范围的，需报昆明市呈贡区都市驱动型乡村振兴实验区建设工作专班研究确定。资金使用具体审批流程为：对于 5 万元及以上项目支出，万溪冲社区需要通过“四议两公开”程序，而后由社区书记、监委会主任签字，对接街道相关领导，最后经由吴家营街道的行政办公会或党工委会审批通过。对于 5 万以下项目支出，由社区书记、监委会主任审核签字后，经由街道社监办主任等相关领导审批签字，即可开转账支票，给相关人员报账。社区严格遵循行政村公布公示制度，严格落实“四议两公开”程序，加强全过程监督，对实验村的资金使用项目安排和资金使用情况一律在社区公告区域进行公示，全程主动接受群众和社会监督，有效保障了资金使用的规范、公开、透明。

整村授信

就万溪冲社区实验而言，涉农资金整合是政府对社区乡村振兴建设配套资金的整合，解决了项目建设资金的使用问题。而“整村授信”则聚焦于解决农户层面资金困难问题。万溪冲社区共有 260 余户村民在外地租地种植大棚蔬菜，租地规模在十余亩到200亩不等。与一般的种植粮食作物不同，种植大棚蔬菜前期基础设施投资高、中期种植成本大，容易受到自然灾害的影响，进而造成较大的经济损失。据社区的工作人员统计，仅2022年春季的一场大雪就压塌了社区租地农户的90多个大棚，给当地菜农造成了严重的经济损失。根据我们对村民的访谈来看，大棚蔬菜农资每亩投入大约为1.5万～1.6万元（包括地租、肥料、农药、种苗、塑料棚膜、水电以及其他支出等），且种植期间还需投入大量的人工成本，需要外出租地的农户有足够的流动资金以进行种植期间的费用周转。有村民说，“过去种出好品相的菜能卖出好价钱，品相不好菜也有人收购，只是价格不好罢了。但是现在种菜的人太多，菜种坏了品相不好没人愿意收，只能草草处理掉，最后可能本钱都回不来，一下就要亏掉好几万块（元）钱。”因此，如果没有充足的资金，一旦在种植期间出现问题，不能及时实现资金回笼，租地农户就会陷入经营困境，甚至无力支付下一茬蔬菜的种植支出。

外出租地农户的资金来源主要是家庭存款、亲戚借款以及银行贷款。近几年来，政府征收或征用土地给予了农民征地补偿款，村民有了更多的资金可用于外出租地。在访谈中有村民表示：“小规模大棚蔬菜种植资金压力不大。”但随着种植规模的扩大以及市场环境的变化，相应的资金需求量也随之增加，仅靠家庭存款可能会面临资金紧张的困局。在此背景下，农户一般会从银行贷款以继续投资生产，而对于农户而言，贷款难、利息高、年限短、额度低是其普遍面临的问题。

2019年2月人民银行、银保监会、证监会、财政部、农业农村部联合发布《关于金融服务乡村振兴的指导意见》，提出要坚持农村金融改革的正确方向，健全适合乡村振兴发展的金融服务组织体系，加大金融资金向乡村振兴重点领域和薄弱环节的倾斜力度。2020年2月呈贡区委、区政府联合昆明市农村信用合作社联合社制定了《昆明市呈贡区金融支持乡村振兴战略实施方案》（呈农信联〔2020〕1号），推动更多金融服务向行政村延伸，更好地满足社区多样化、多层次的金融需求。“整村授信”模式便是其重要的实现方式之一，针对万溪冲社区居民资金需求“小、散、快”等特点，相关金融服务点以“线上化、平台化”为依托，开展“整村授信”的金融服务活动，万溪冲社区成为呈贡区实施“整村授信”的首个示范村（图 11－1）。

图 11－1　万溪冲社区乡村振兴整村授信授牌仪式

“整村授信”是由银行以采集整村全体农户信息为抓手，对所有农户的资产情况、收入情况进行摸底调查，通过录入系统，经过系统评分，对符合条件农户进行评级、授信，并给予相应数量的专属资金额度。“整村授信”的优势在于其不需要抵押和担保，可实现“随用、随发、随还”，且与其他贷款不发生冲突，切实地解决了农户贷款难、担保难的实际问题。

在调研中，一位村民告诉我们，她与丈夫在外地租地发展大棚蔬菜种植，2020 年受疫情的影响，蔬菜销售受阻，产销交易出现大幅亏损，一度资金周转不畅，再加上家里两个小孩的教育支出和家庭基本生活开支，家庭资金压力剧增。社区干部在了解到她家的情况后，与呈贡区农村信用合作联社一同来到她家，向其介绍了“整村授信”这一贷款模式。经过综合考虑，她与丈夫一致认为此信贷利率低、手续简便、无须担保，对农民非常友好，于是便决定参与该信用贷款，最终她以一周的时间凭借着良好的征信获得了 30 万元的贷款，这一场授信贷的“及时雨”，在他们一家举步维艰的时候，及时解决了其资金燃眉之急。她说，“相比于之前去银行贷款，这个贷款要的材料少，只要了身份证、租地合同、户口册的复印件，流程也非常简单，用手机银行的软件就能操作，可以随时贷款提现，也可以随时还贷，利息用时才有，特别方便。”

实际上，“授信”和“贷款”二者并非同一概念，授信可以理解为信用社给予目标客户的信用证明，在目标客户有需求时可随时使用家庭备用金。若客户仅仅只是参与了授信，未使用授予的家庭备用金，就不会产生贷款利息，只有使用了才需要支付利息。“整村授信”打破了贷款先申请、后调查的传统办理贷款的流程，将贷款调查及授信签约环节前移，省去了贷款客户等待审批、放款的时间，极大地提高了农户办贷效率、申贷获得率、使用便利度和有效管理控制授信风险。

截至2021年，呈贡区农村信用合作联社完成了万溪冲社区整村授信495户，授信金额达1.1亿元，授信覆盖率超过80%；发放乡村振兴卡160张，授信300余万元，发放零手续费扫码付100余户，支持220户村民成功用信，贷款金额约4 000余万元（图11-2）。

图11-2 呈贡区农村信用合作联社授信活动现场

“整村授信”作为打通普惠金融“最后一公里”的具体金融措施，及时帮助了万溪冲社区居民解决生产经营、生活消费等方面的资金困扰。除此之外，“整村授信”也为万溪冲社区返乡创业的大学生、新型职业农民、致富带头人、农家乐经营主体、农村合作社等新型农业主体开展农业经营提供了便利快捷的贷款、支付和结算服务，为“三农”发展和乡村振兴提供了强有力的资金支持。“整村授信”让更多的金融活水流向田间地头，流向果蔬大棚，不仅较好地破解了当地农民融资难、贷款难等发展瓶颈，成为推动地方经济发展的主要力量之一，还打通了当地金融服务渠道，并在打造特色金融服务模式的基础上，有力推进了乡村振兴战略的实施。

集体经济

党的十九大报告进一步明确要“深化农村集体产权制度改革，保障农民财产权益，壮大集体经济”。村级集体经济的发展壮大，一方面能够增加农民收入，扩大集体收益，进而破解“手中无米，叫鸡无理”的村集体经济薄弱困境。另一方面能够增强乡村治理、民主、政治、组织等方面效能，提升基层党组织的凝聚力和战斗力，对巩固拓展脱贫攻坚成果、带动农民增收、实现农民共同富裕、实施乡村振兴战略具有重大的现实意义（卢福营和金姗姗，2008；丁波，2020）。在村集体经济发展进程中，农村集体经济以资源、资产、资金为纽带，涌现出多种方向的实践案例，形成了多种发展模式，可以为村集体发展经济提供借鉴。一是农村集体经济组织立足自身优势和资源禀赋，通过发展某一种或几种产业实现集体资源资产资金的升值保值和集体组织成员增收致富的模式。二是“为农服务型”，村集体借助土地所有者、管理者的身份，通过组建土地股份合作社或者推动土地连片出租获得收益。三是资产租赁型，具体而言是指集体经济组织通过建设、购置等方式取得实物资产，进而将其出租以实现集体资产保值增值的一种经济组织形式。此外还有资源开发型，是指集体经济组织为了促进集体经济增长和农民增收，将原本低效率利用甚至闲置的集体所有的土地、资金和生态环境等资源进行整合，或者交由其他主体投资开发，进而获取经济利益的一种集体经济发展模式（苑鹏和刘同山，2016）。

万溪冲社区过往的集体经济主要以资产租赁及发展产业为主。资产租赁的对象主要为社区闲置公房、土地等资产资源，村集体通过租赁费增收。例如，社区的一处闲置公房对外出租用于开办幼儿园，每年可为社区提供 20 万元的集体收入。此外还有一些临街房屋对外出租用于商业。社区在发展产业方面主要是由社区集体公司针对城市建设尤其是社区附近信息产业园建设过程中的建筑、土石方工程等进行承接，在信息产业园建设期间取得了较为理想的收益。综合来看，万溪冲社区通过发展集体经济，每年也能有一定数额的集体收入，但在发展过程中还面临以下问题。一是在资产租赁方面，万溪冲社区可供租赁的资产较少，尽管收益稳定，但上限较低，且部分公房由于建筑存世状态较差，因此没能得到充分利用。二是在产业发展方面，万溪冲社区尽管看到了宝珠梨的产业价值，但并未针对宝珠梨进行产业布局，梨的深加工以及销售等环节都是由村民自主运营，缺少品牌建设和统一标准，社区集体经济未能因此实现增值。而近些年来随着信息产业园建设期的结束，社区集体公司可以承接的建筑、土石方工程量直线下降，盈利水平也随之减少，直接影响到了社区集体公司的收入。因此社区集体经济发展迫切需要转变思路。

在实施乡村振兴战略背景下，万溪冲社区试图从以下几个方面发展壮大村级集体经济，致力于使其成为村庄经济社会高质量发展、广大农民群众增收致富的“摇钱树”和“金种子”：首先，2020 年底彻底摸清社区集体所有各类资产、确认集体成员、资产量化，成立了昆明万溪冲果蔬专业合作社，在社区中以自荐及推选的方式选出负责小组，由专人负责运营工作及对接其他主体。2020 年社区结合宝珠梨“采摘节”通过淘宝、抖音及拼多多平台进行宝珠梨线上销售，完成了合作社生产的梨膏梨醋的质检工作，设计了产品包装盒、礼盒并生产、投入使用。其次，深挖乡村闲置资源，将原本低效率利用甚至闲置的集体所有的土地、资金和生态环境等资源进行整合，通过旅游设施的建设，打通山上山下资源，让生态资源变现。在此过程中，一方面村庄通过旅游开发积累了人气，原本不靠核心区域的闲置房屋也能对外租赁，激活了村庄“沉睡的资产”。另一方面，社区通过新产业新业态创造出了大量的就业岗位，实现村民就近就业，带动村民增收。此外，万溪冲社区与社会资本开展合作，以资源和基础设施入股，引入公司进行资产资源的盘活运营。以教育实践基地为例，社区通过引入商业运营公司与社区进行合作，并设计兼顾社区资源与社会资本投入的收入分配机制，发挥资源优势，参与市场竞争，成为发展村庄集体经济的重要手段。2022 年 2 月我们在村调研期间，在教育实践基地所开展的一场活动中，村集体便实现增收 2 万元。

集体经济发展了，社区也便更有“底气”服务于社区村民，在开办居家养老服务中心、提供村民分红收益方面社区不仅“有心”更“有力”。随着社区集体经济正在形成持续增长的态势，社区集体通过创新创业发展壮大集体经济的主观能动性也不断增强。

第十二章

组织振兴　服务治理

乡村的人、财、物等资源向城市单向流动，导致了乡村主体性缺失问题，主要表现在农民的去组织化、村社共同体解体、乡村丧失凝聚力和内生发展动力（吴重庆、张慧鹏，2018）。2021 年中央 1 号文件指出，“要加强党的农村基层组织建设和乡村治理，坚持和完善向重点乡村选派驻村第一书记和工作队制度。”2021 年 5 月中共中央办公厅印发了《关于向重点乡村持续选派驻村第一书记和工作队的意见》，指出“驻村第一书记和工作队主要做好建强村党组织、巩固脱贫成果、推进强村富民、提升治理水平和为民办事服务的工作”，为增强乡村凝聚力提供了有利的基础，为全面推进乡村振兴提供了坚强的组织保证。

村庄人力资源流失、人口结构失衡、社会性质发生改变，使得传统的乡村治理方式不再适用。“看得见的管不了、管得了的看不见”的治理问题成为农村社会转型背景下主要面临的问题。昆明市各区县、乡村根据乡村振兴战略的意见指导，通过“能人任职”“定向选派人才”等方式，为村庄注入了新鲜血液；通过选派“第一书记”和“驻村工作队”等方式给乡村基层干部带来了新帮手，给村庄带来了新资源。乡村不仅有了为民干实事的村干部，更有了为村庄谋发展的干部队伍。资料显示，截至 2021 年 2 月，昆明市累计选派 1 823 人次党员干部担任第一书记和工作队长，5 572 人次工作队员开展驻村帮扶，在岗驻村工作队员 1 239 名，支持服务 1 218 个行政村（社区）。

为民服务站

乡村治理是国家治理体系的重要组成部分，农村基层党组织是乡村治理的根本力量和治理体系的中心，是实施乡村振兴战略的根本保障（蔡文成，2018）。学界对于农村基层组织管理的转变，一般从其结构、功能、管理体制、建设困境与出路等方面展开论述，为我们理解新中国成立至今基层组织功能的转变与创新提供了大量材料（霍军亮和吴春梅，2018；贺雪峰，2010；项继权，2007）。我们在调研中发现，农村基层组织管理的转变又具象化的表现在社区居委会建筑空间的变化当中，2021 年 5 月至 9 月期间，万溪冲社区居委会在装修时对其空间布局进行了重新设计和调整，这在一定程度上反映着基层党组织和政府对于基层治理的理念从管理向治理和服务方向的转变。

万溪冲社区居委会位于村庄的西北侧，居委会建筑外部空间包括小广场、宣传栏、院落景观等功能分区。在实验开始之前，万溪冲于 2013 年打造美丽乡村期间，重点考虑的是村容村貌的美观问题，因而居委会建筑在设计上采用的是三层仿古建筑，在建筑室内设计中融入天井空间特征，天井中育有绿植，体现了人与自然和谐相处的设计理念。但整体上社区居委会的办公地点的空间设置与很多地方的村委会相差无几，从空间上就将办事人员与村民之间通过办公桌等物件隔离开来。天井左右两侧为功能用房，其中左侧空间为儿童之家，是专门为社区儿童提供安全稳定的课外学习、生活和娱乐的场所。右侧空间划分为两间，其中一间房屋供给社区联防队的日常使用，另外一间则是作为社区干部的办公室。面对大门的一侧为半敞开式服务柜台，设有四名办事员，分别负责与村民生活生产息息相关的各项服务。沿着楼梯上楼，二楼靠南一侧为办公室与会议室，西侧为社区干部办公场所，东侧为集体公司办公用房。三楼与二楼的布局大致一致，主要包括会议室、办公室、储物室以及档案室等功能区。居委会办公空间整体布局虽然算不上杂乱，但功能定位并不明确。“空闲”是安排人或事的基本标准，2020 年社区新到岗一批社工便是以此标准安排工位的。村民到社区办事，一般直接到一楼柜台处办理，或者找到某一负责具体事务的社区干部，事情办完就走，少有人会在社区居委会停留。实际上，居委会原有空间安排也没有能够容纳多人驻足的空间，建筑只是办公空间的集合，即便居委会的一楼有“便民小药箱”、二楼有社区的图书室能够为村民提供各种服务，村民也少有人上门。更为现实的是，党员群众“找不到”组织与各类牌匾繁杂的矛盾突出，尽管社区为民服务站、党员教育活动室、团员之家、妇女之家、儿童之家、社区农家书屋、文化活动室、党员电教室等活动场所一应俱全，但实际上真正能够发挥的作用有限，群众的获得感和幸福感不强，而这与基层社会治理的服务初心背道而驰，迫切需要将居委会建设成居民家门口的服务站和便民点，使其成为增进居民幸福感的重要平台。

2021 年，在区、街道相关部门的支持下，社区对原有空间布局进行了提质改造，致力于打造集党建、办公、服务功能于一体的社区党群服务中心，其功能重心向服务倾斜。具体改造为：对居委会功能空间布局重新规划，明确了各个楼层的功能设置。改造一楼作为社区居民活动的公共空间，进门右侧设有为民服务站，并配置多名专岗工作人员，为村民提供一站式的服务，解决村民日常生产生活中所需解决的问题，如村务咨询、递交材料等。整体为敞开式空间，更有利于社区与居民的交流互动（图 12－1）。

进门左侧空间是“四点半课堂”，供给社区内的学生开设形式多样的课后托管课程，让孩子度过“管理真空”时间，并以此作为切实“为民办实事”的着力点架起与群众之间的“连心桥”（图 12－2）。

图 12－1　社区为民服务站

图 12－2　“四点半课堂”活动教室

其余部分作为社区共享空间，用于村内议事、协调村民矛盾、村民休闲娱乐以及展示社区发展成果等功能的使用，切实发挥便民利民的服务功能。2021年采摘节前夕，社区组织村民摆摊位置抽签便是在一楼的公共活动空间操办（图12-3）。

图12-3　社区组织村民抽取摆摊位置

二楼是先前社区集中整合后的新的办公场所。在各个职能办公室的改造过程中，考虑到了新的办公场所既要满足提高空间利用率的要求，又要确保工作人员之间联系的紧密性，因此打通了右侧两间闲置房屋的间隔，将其并作一个大空间，作为会议室功能使用。其余零散空间则分别作为财务室、档案室、退役军人服务站等功能使用。三楼是用于党建活动、开展党务政策咨询、办理党内业务、传播党建理论知识、提供党员政治生活的场所，具备党团组织事务办理、群众办事、办公、接访、会议、教育培训、谈心谈话、宣传展示、图书阅览、群团活动、志愿服务、便民服务、文体活动等功能。经过提升改造之后，居委会办公空间和服务功能得到了统一优化，留给党员、群众更广阔且优质的服务空间。活动空间大了，村民有了可以落脚的地方，居委会也更有“人情味”了，村民们到居委会办事之余便会稍做停留，看看近年来社区的发展成果，感受社区的发展与变化。

为民服务站的改革和再造，可以说重建了社区治理的公共空间、互动结构、交往关系以及心理结构，取得了多方面的良好效果。在此过程中，村民与社区之间有了更多的联系，居委会的公共空间成为村民“愿意来”“还来”的活动阵地。此外，社区党群服务中心的打造，也让社区的党务工作有了新的变化。一方面是党的宣传更为集约化。过去在社区居委会办公室都有着宣传标语以及党的宣传材料，但实际作用并不明显，大家学习兴致不高，组织活力不强，如今功能区的划分使得党的宣传更为集约化，也大大提升了村民的学习积极性。另一方面是党务服务更为专业化、体系化。利用社区党群服务中心打造的契机，万溪冲社区进一步明确了建筑不需“高大上”、功能不需“大而全”的建设理念，立足服务村民的本职，将一些空间合并、拆解，“服务”属性得到加强，切实发挥党组织的战斗堡垒作用，成为党领导基层治理的坚强阵地和服务党员群众的温馨家园。

基层组织建设与创新

2018年1月2日，中共中央、国务院发布《中共中央　国务院关于实施乡村振兴战略的意见》中提出，要“加强农村基层党组织建设”。近年来，习近平总书记针对基层党组织建设中存在的组织力不强、软弱涣散、政治功能不突出等方面的问题，也发表了一系列关于加强党的基层组织建设的重要论述，深刻阐明了新时代党的基层组织建设的立场、原则与路径，在指引新时代党的基层组织全面彰显党的基层代表力、不断提升党的基层组织力、持续增强党的基层领导力、有效提高党的基层创新力等方面有着重要意义（刘玉娟和王华华，2021）。

当前，基层已经成为中国“进行伟大斗争、建设伟大工程、推进伟大事业、实现伟大梦想”的主战场。基层党组织是联系群众、服务群众的重要纽带，是治理社会最基本、最直接、最有效的力量。习近平总书记指出：“要推动乡村组织振兴，打造千千万万个坚强的农村基层党组织，培养千千万万名优秀的农村基层党组织书记。”县级党委是“指挥部”，乡镇党委是“作战部”，村党组织是“领头雁”。乡村振兴各项战略举措的落地和落实，需要把农村基层党组织建设摆在更加突出的位置来抓，充分发挥党组织战斗堡垒作用和党员先锋模范作用，为农村发展提供坚强的政治和组织保证。

万溪冲社区自2019年开展都市驱动型乡村振兴综合实验以来，大力加强基层党组织建设，持续服务村域经济社会发展，基层党组织建设成效显著。万溪冲社区党总支新一届班子于2021年1月选举成立，党组织书记和居委会主任实现了“一肩挑”。万溪冲社区党总支下设2个社区党支部和1个流动党员党支部，共有党员74人（含1名预备党员），其中流动党员10名，女党员17名，大专及以上学历党员14名，35岁及以下的党员17名，35岁以上、60岁以下党员30名，60岁及以上党员27名。2019年以来，万溪冲围绕加强基层党组织建设与创新采取了很多措施，具体包括：

一是加强党支部建设。社区党总支围绕健全基本组织、建强基本队伍、开展基本活动、强化基本保障、落实基本制度要求开展支部规范化达标创建工作，所属2个党支部均已完成达标创建工作任务，成功创建为“三星级”党支部。社区党总支针对过去组织涣散的问题，坚持问题导向，突出整顿重点，细化整顿措施，明确整改时限，把整顿软弱涣散基层党组织与党支部规范化建设结合起来，完成社区软弱涣散党组织集中整顿。

二是加强基层党组织带头人队伍、农村党员队伍建设。万溪冲社区不断强化社区班子队伍建设，着重提升党员干部的领导水平。严格按照有关规定选优配强新一届“两委”班子成员，换届后社区实现党组织书记、居委会主任“一肩挑”。“两委”班子成员平均年龄41.7岁，均为初中以上学历。社区不断加强社区干部培养，大力实施“农村社区优秀人才回引计划”和“青年人才培养计划”，招聘社区专职工作者4名，均为大学本科学历。万溪冲社区不断优化党员队伍结构，坚持政治严格、程序严格、标准严格，做好发展党员工作。

三是加强党员教育管理。党组织通过开展“三会一课”、主题党日、组织生活会和民主评议党员等党内组织生活，做到党员教育管理抓在经常；认真组织所属党员参加党组织书记、党务干部、“万名党员进党校”等各级各类培训，扎实推进“不忘初心、牢记使命”主题教育、党史学习教育，不断提高党员队伍素质。

四是使队伍分工更加合理。自开展都市驱动型乡村振兴实验建设以来，社区事务急剧增多，社区干部压力进一步加大。万溪冲社区在原有工作分配基础上，内部投票选出负责乡村振兴事务处理的小组成员。并依据各自的性格特长、工作经历合理分工，形成了一个项目一名专人负责的工作机制，保障了都市驱动型乡村振兴实验村所决定实施的项目都有人负责、有人盯着、有人监督。

总体而言，万溪冲社区通过书记主任“一肩挑”、引回乡村能人强化组织建设等方式进一步提升和发挥党组织在基层治理中的战斗堡垒作用。俗话说：“变山变水先变人，变人先变带头人。”万溪冲社区从现任村干部、社区党员能人群体中选优配强基层党组织领导班子，社区书记、主任实现了“一肩挑”。为了贯彻明岗明责的原则，书记带头做表率、班子成员跟进尽职责，强化班子团结和任务落实。有效发挥以党组织为核心的村级组织的整体功能，很大程度避免了互相推诿扯皮、内耗冲突等问题，有助于村“两委”班子提高办事效率。不仅如此，还能够有效统筹会议时间，形成会议共识，促进工作责任落实到位、到岗、到人。同时，社区还能够根据引回能人的特长和工作经历合理分工，采取“一人盯一点”的工作模式，压实了社区每一位干部的责任，最终达到了提高村政服务水平的目的。

驻村工作队

驻村工作队是一种独特的中国基层治理机制（朱新武等，2020）。历史实践证明，向农村派驻工作队是实现动员农民以完成某项政治目标的有效手段，在打赢脱贫攻坚战的过程中发挥了重要作用，是中国减贫经验的重要组成部分（王晓毅，2016）。为此，中共中央办公厅印发了《关于向重点乡村持续选派驻村第一书记和工作队的意见》，并要求各地区各部门结合实际认真贯彻落实。昆明市针对实验建设，专门制定《昆明市都市驱动型乡村振兴创新实验区驻村工作队实施方案》，采取市、县、乡三级联动方式，从市级实施乡村振兴战略领导小组成员单位和开展都市驱动型乡村振兴创新实验区建设的 6 个县（市）区及乡镇（街道）中，分别抽调 3 名政治素质好、工作作风实、综合能力强，特别是懂农业、爱农村、爱农民的优秀年轻干部和后备干部，组成乡村振兴驻村工作队，其中市级单位队长1名，工作队员2名，符合条件的队长兼任实验村（社区）党组织第一书记。其主要工作任务是协助乡村振兴工作队督导落实规划设计和建设实施方案、协调解决建设中的困难和问题、配合抓好建设中的宣传报道工作、及时梳理实验区建设的相关成果等。

在一次访谈中，时任吴家营街道党工委的组织委员向我们表示："目前社区的乡村振兴工作领导不满意、人民群众不满意，甚至村干部也不满意，最大的问题是人的问题，是组织的问题。政府在万溪冲社区投入这么多钱，谁来干，哪个能干的好？如果仅仅是行政手段压进度、催成果，那显然不行，必须要真正把党员的作用发挥好，动员人民群众，让人民群众都知道这是要做什么，要怎么做，真正参与进来才能见到成效。"作为推动农村变革的政治核心，农村基层党组织必须回应聚焦公众关注的各种问题，充分发挥服务"三农"发展、改善群众生活的作用。然而，万溪冲的党组织自身能力与繁杂的乡村振兴实验要求客观上是存在差距的，即便当地政府给予了大量扶持项目与建设资金，在具体落实过程中也会出现"村里不会干""村里干不了"的情况。为此，当地政府为万溪冲社区派驻了驻村工作队，让其参与社区乡村振兴工作，以补充基层开展乡村振兴的工作力量。

崔队长是昆明市工信局选派到万溪冲社区的驻村工作队队长兼第一书记。崔队长跟我们讲了她刚来万溪冲的情况，"我当时来的时候天天跟着这些社区干部，观察他们如何做事情，但是他们对于一些事情不知道怎么开展，我就很担忧。有时候我们想了解一些村庄发展方面的事情，想找一些负责这一方面的村干部，详细数据他们也说不清楚。"为此她秉着时不我待、只争朝夕的责任感和紧迫感，每天早出晚归、披星戴月，反复查阅社区乡村振兴工作的各类会议记录，在很短的时间内便摸清了万溪冲社区乡村振兴工作的基本情况。然而，作为嵌入乡村社会的外来人员，驻村工作队的工作人员会遭遇一些乡土社会的挑战以及群众信任的隔膜。由于缺乏足够的信任，社区干部群众对驻村工作队这群"外来人"所提出的建议重视程度不高。在访谈中崔队长表示，"在与村民的交谈中我提了很多建议，但是多数都没有看到结果，做了无用功。"针对此问题，她认为最需要的是加强驻村帮扶干部与社区干部、群众之间的情感动员，拉近彼此之间的心理距离。驻村期间，她与其他驻村队员空闲之余在村庄里找人聊天，去社区老党员家中做客，深入农户家中倾听群众对于乡村振兴的意见与困惑，在不断地互动交心中实现外来干部到在地帮扶干部的身份转换。

驻村工作队的作用还在于发挥组织的自主性、灵活运用组织或干部私人的社会资本，实现制度性与非制度性的资源动员（李壮和李亚雄，2020）。社区之所以盼望着能够有驻村干部到村帮扶，与驻村干部可以有效整合和有力汲取社会资源和力量有着密切联系，驻村工作队以派出单位和干部的社会网络为依托，将农民、村庄与上级政府部门甚至社会资源联结起来。由于他们肩负着乡村振兴、为民服务、建强组织等多重特定政治职责和政策任务，这需要其向上级政府、派出单位以及社会各行各业积极争取资源调用至社区。例如，在万溪冲社区组织制度建设中，驻村工作队的成员通过调动自己部门的资源，依据市级、区级有关单位的制度内容，为万溪冲社区草拟了人员管理章程。在村庄发展产业方面，驻村工作队队员及农业农村局等部门人员发动自身人脉资源，帮助社区牵线搭桥，利用周末休息时间与社区干部一同到市内相关企业走访考察，寻找适合宝珠梨深加工的代工厂，解决了万溪冲宝珠梨深加工的标准化生产问题，在驻村工作队的协助下，社区设计生产了一批梨膏、梨醋、梨酒、梨干等果品深加工产品。总之，驻村工作队以实际行动为万溪冲实验区建设实践给予了实实在在的帮助和指导。

第十三章

艺术进村　文化振兴

乡村是承载中国五千年文化的重要载体，推进文化振兴是实施乡村振兴战略的重要内容之一。然而，在城镇化和工业化的进程中，由于受到现代性的冲击和影响，乡村不仅没有将传统文化与现代性有机融合进行富有创造性的传承和发扬，反而陷入一种日渐衰落甚至消失的境地。对于此，除了乡村外部环境的影响因素外，与乡村内部自身的一些局限性也有关。如今，我们讲要看得见山水、记得住乡愁，保护乡村传统文化的同时还需要传承和发展，使其与现代文化有机融合。这是一种对传统文化融入现代理念的创新发展，是对乡村传统文化的继承发扬，是将现代性的要素引入乡村建筑和民间文化活动当中来实现对乡村非物质文化的保护、传承和发展，从而激发乡村文化重现活力，这也是促进乡村文化产业有机发展、促进乡村文化振兴的一个路径。

为了实现上述目标，《文化和旅游部国家发展改革委财政部关于推动公共文化服务高质量发展的意见》和《云南省国民经济和社会发展第十四个五年规划和二〇三五年远景目标纲要》相继发布，云南省文化和旅游厅于 2021 年 11 月也出台了《关于推动云南省公共文化服务高质量发展的实施意见》，其中对乡村振兴中关于公共文化基础设施和公共文化服务供给都提出了具体意见和建设方向。

艺术激活乡村

无论是“艺术介入乡村”，还是“艺术激活乡村”，在日本的乡村振兴实践中都具有较丰富的经验，其意义旨在通过对“城市化”所带来的一些问题进行深刻反思的基础上，将“城乡平等”的理念植入乡村建设活动当中，尤其是一些艺术工作者试图通过身体力行，为改善乡村的人居环境开辟一条有效的路径。日本的“越后妻有”这个地方就是在原来近乎衰败的情况下通过著名策展人北川富朗举办“大地艺术祭”等艺术介入乡村的活动而将其逐渐打造成为日本著名的旅游胜地（樊赫，2021）。艺术介入让日本一个又一个村庄不仅改善了人居环境，使当地的村民重新获得生机，而且当地的艺术创收也极大地增加了当地的财政收入和村民的收入，并引导一些村民回流乡村，增加了乡村振兴的信心。

在中国，也不乏有一些艺术激活乡村的案例，如北京通州的宋庄、云南昆明的大墨雨村以及光崀村，等等。这些乡村的一个共同特征就是通过引入一些艺术工作者进驻乡村，可以将富有浓厚的现代意涵的艺术和文化带到乡村，其中既有对乡村本土文化的挖掘和传承，如对当地传统民居的保护性改造，也有一些创新性的产业业态，如艺术家、学者等通过驻村进行创作，在村落里建设和运营咖啡厅、文化艺术中心、展览中心、雕塑和绘画的 DIY 馆等，使得在艺术与乡村深度融合的基础上促进乡村文化产业的发展和振兴。

在万溪冲的实验过程中，我们希望将富有现代性意蕴艺术的内容引进来，将城市中人们所青睐的现代生活方式引进来，用艺术打造万溪冲、用艺术装饰万溪冲，整体上提升万溪冲人生活方式的品位。这既是为了服务于乡村，在保护和传承乡村的传统文化和非物质文化遗产的基础上，丰富新的产业业态，促进乡村文化产业的发展，也是为了满足城市消费者的需求，增加万溪冲社区对城市消费者的吸引力，促进城市居民在万溪冲的文化消费，为万溪冲的村庄集体经济和村民收入提供新的驱动力。作为实验中的重要组成部分，万溪冲的文化振兴活动既包括乡村文化服务的基础设施建设工作，也包括乡村公共文化服务的供给活动。一是万溪冲开发了具有自己文化特色的品牌标识——禧猫；二是建设了乡创馆用来开展针对不同群体的不同类型的文化产品和文化活动展示，另外还打造了乡村图书馆和一些艺术景观等（图 13-1）。

图 13-1　利用宝珠梨枯枝打造的艺术景观

禧　　猫

从实验开始，我们就一直在考虑设计万溪冲的标识（LOGO）问题。为了符合万溪冲现代小镇的设计理念，这个标识必须具有艺术性，还要能够体现万溪冲的文化特色并有一定的辨识度。因此，围绕着宝珠梨和其他能够代表昆明或呈贡的文化形象的物质文化符号成了我们在村里考察的重点。实验最初，宝珠梨的形象一直约束着我们的想象力，各种关于梨的草图画出来，但总觉得没有什么特别之处，因为仅仅从梨的样子很难辨别出这是万溪冲的特色。直到有一天，敖老师和王老师来到村里。两位老师多年在乡村行走，为很多乡村建设中的房屋改造、房屋建设和村庄景观等现代乡村的打造进行设计，具有非常丰富的经验。他们利用三天的时间，在万溪冲村里各个纵横交错的道路上来回行走、踏查，从村东走到村西、从村南走到村北，走遍了万溪冲的每一个角落。其间，在村子中间向北方向的一条岔路口处的一栋老房子上面放置的瓦猫深深吸引了两位老师。大家随着两位老师一起驻足、注视着房顶的那只全村唯一的瓦猫。它后来成为万溪冲 LOGO“禧猫”初始创意的最初源泉（图 13-2）。

图 13-2　禧猫原型

“禧猫”的创意来自敖老师和王老师的三个灵感：其一源自云南昆明地区传统民居用于屋顶、飞檐、门头的瓦脊上放置的瓦猫，以吞食一切侵犯本宅的疾疫祸害和四野鬼怪，起到避邪消灾、镇宅纳福的作用。瓦猫寓虎于猫，取虎凶猛无畏之意。“本标志所用瓦猫形象出自万溪冲村内留下的一栋老房子上的瓦猫实物形象，形象特征明确，充满喜感，让人看后记忆深刻，具有极强的艺术感染力和视觉传播力”，敖老师说道。其二源自万溪冲拥有近四百年历史传承的宝珠梨，以梨树、梨花寓意枝繁叶茂，生生不息。其三源自万溪冲村名。取万股溪流冲下泥沙填凹地而成良田，还冲走火魔为大家带来幸福生活之意（图 13－3）。

图 13－3　“禧猫”设计

根据两位老师的设计理念，“禧猫”是具有一定的文化寓意的。居于屋顶正中，笑容可掬，憨态十足的瓦猫形象，透着自信、欢快、开放、包容的气质，静中有动，沉稳中蕴含着一股充满活力、蓬勃向上的力量。在瓦猫的周围，是由二十八朵梨花，六十四片梨叶构成的梨树形象，是对具有几百年历史传承的宝珠梨形象的概括和提炼。二十八朵梨花对应二十八星宿，六十四片梨叶对应八八六十四卦，斗转星移、千变万化，以此独具中国传统文化内涵的图式，象征着万溪冲人生生不息的活力和对美好生活的追求。此外，水的图式，既是对万溪冲村名由来的表现，又是中国传统文化中关于“水主财”的隐喻，以此象征万溪冲未来发展财源广进，富足安康。红色既源于中国传统文化的吉祥寓意“红红火火”，又源于万溪冲所处地理环境中的红土；蓝色既是天的颜色，又是水的颜色，象征祥和与安宁；橙黄相间寓意万溪冲人充满激情与活力。

整体而言，“禧猫”的形象设计风格选用中国传统民间图案的表现手法，其一，旨在强调与其乡村形象的契合；其二，强调乡村振兴的根本是文化的振兴，希望通过强化中国传统文化的符号特征，提醒人们应当意识到传统农业文明创造的文化符号在工业文明主导下高速发展的当下，依然具有独特的审美价值和强大的文化传播力。希望借此机会，通过艺术设计实践来尝试寻找传统文化的复兴之路。

乡 创 馆

在我国众多乡村中，蕴涵着丰富多彩、特色各异的乡土文化，积淀着深厚悠久、鲜活生动的历史记忆。这是乡村振兴的一笔宝贵财富，也是全面提高农民生活品质的重要资源。但是随着时代的发展，中华民族的传统文化正面临着逐渐遗失的危机，乡村存在的问题已经“不是农民收入太低，劳动太重，而是消费不合理、闲暇无意义，是社会关系的失衡，是基本价值的失准，是文化的失调”（贺雪峰，2019）。面对这样的现象，习近平总书记明确指出：“乡村振兴既要塑形，也要铸魂。”铸魂，即为文化建设。中共中央、国务院印发的《乡村振兴战略规划（2018—2022 年）》中指出，中华文明根植于农耕文化，乡村是中华文明的基本载体。实施乡村振兴战略，要深入挖掘农耕文化蕴含的优秀思想观念、人文精神、道德规范，要结合时代要求在保护传承的基础上创造性转化、创新性发展。在《乡村振兴战略规划（2018—2022 年）》中，还突出强调了农耕文化保护传承、古村落古民居保护利用、乡村经济社会变迁物证征藏等，是与文博事业相关的系列重大工程，并且对古村落保护、乡村文化遗产传承和博物馆建设等方面提出了要求，提出要支持有条件的乡村依托历史文化资源建设村落遗产博物馆，开展重要农业文化遗产展览展示，再现乡村文明发展轨迹。

在乡村振兴政策的引领下，文化意识逐渐在乡土之上萌动、生发，各地越来越多地为存留乡土记忆、传承非遗文化开展建设行动，一批批乡村创新馆、乡村博物馆、民俗民艺馆应运而生，成为挺立在广袤乡间一道道多姿多彩的人文风景，反映了当下人们对乡村历史、农耕文明、传统文化记忆的追溯和认识。云南省文化和旅游厅于 2021 年 11 月发布的《关于推动云南省公共文化服务高质量发展的实施意见》中指出，要振兴乡村文化，鼓励各地在公共文化场所建设乡（村）史馆传承乡村文脉。乡创馆是一种新形态的乡村文旅公共空间，也是守护乡村文化遗产的重要场所。从具体建设和传播情况看，富有意义的乡创馆不仅仅是对历史遗留物、村情资料、特色物品的收藏、纪念和展陈空间，更是重要的社会教育场所和文化交流场所，对乡村的形象展示以及乡村的文化宣传都起到至关重要的作用。因此，在乡村建设乡创馆，将为传统乡土的文化保护、传承与创新发展提供强大助力。

乡创馆是万溪冲社区开展乡村振兴实验的26个项目之一。万溪冲社区具有属于自己的自然生态、民俗文化、农耕文明、传统技艺等地方特色资源，它们共同构成乡村振兴的基础，也是支撑社区乡创馆建设的重要条件。2021年4月云南艺术学院结合社区所处的自然环境、建筑环境和文化环境，对乡创馆的选址、布局、建筑样式等进行全面考察，于4月中旬采用艺术介入乡创馆的创新理念，完成了乡创馆的设计，5月底开始建设集艺术的现代性和民俗性于一体的乡创馆，主体工程于9月初完成，使用面积约有130平方米，建成后免费对外开放（图13-4）。

图13-4　万溪冲乡创馆

万溪冲社区坚持因地制宜制定展陈大纲，精选展陈内容，采用“众筹”模式广泛征集展陈物品，把展陈主题确定权交给最了解本地历史民俗特色的群众，鼓励他们就地取材，结合生产用具、生产生活遗物遗迹的展示，形成了集现代艺术和乡村民俗为一体的综合性、活态化的乡村创新馆。乡创馆划分了多个展区，将村史陈列、特色陈列作为常设展览，分别展示万溪冲社区的历史变迁、农耕文化、“宝珠梨”文化，基本包括了过去社区生产生活的各个方面，是万溪冲村民记忆的痕迹。除了常规性的陈列外，也会阶段性地针对村民关切的民生问题和社区发展中的热点问题进行专题展览，从而及时反映百姓心声、满足百姓需求。

在乡创馆的建设过程中，社区一直在陆续征集社区老旧照片、社会变迁物证等工作，把村史、村志记载的村庄历史演变、重大事件、知名人物、风土人情等进行展示，提供经济社会变迁物证的公益性对外展览，力图最大程度地呈现万溪冲社区的发展轨迹和历史变迁。在征集完有关社区的资料和器具之后，乡创馆巧妙地运用实物、图片、文字、场景再现等表现方法，将农耕器具、农耕历史、农耕风貌、乡村生活、传统习俗等元素汇集起来，全方位勾画出近现代农耕文化的全景图，立体呈现几百年来万溪冲农民辛勤劳作的景象，向广大群众和游客宣传展示农耕文化。此外，乡创馆以“宝珠梨”文化为载体，设置呈贡非物质文化遗产展示区，进行宝珠梨实物、文创产品、宝珠梨传说、万溪冲梨产业发展历史影集等展示。通过利用影视、图片、模型、实物等，充分呈现呈贡文化和滇池流域农耕文化。丰富的展品能够直观地让游客感受到文化的碰撞，呈现给观光者一个视听俱全、独具魅力、趣味横生的梨文化大世界。除了“农耕文化展示馆”这一类参观型展区外，社区还计划在乡创馆增设传统手工艺制作工坊的农耕文化体验区，开发更多体验性项目，例如梨膏的传统熬制。致力于将乡创馆建设成万溪冲社区特色农耕文化的宣传教育基地和乡村旅游景点。

乡创馆作为储存、记录和传播乡村记忆的重要载体，通过平凡的农耕器具呈现微观的乡村日常生活，诠释乡村生活内在的时空结构以及与生命本质相关的经验体验，再现大众的乡土记忆，从而由物与记忆的建构，展现乡村的生活世界（殷波和潘鲁生，2021）。老年人可以在里面找寻记忆，获得生活的精神寄托；年轻一代可以通过这种方式了解村里的历史发展和变革，以及祖辈们的生活、生产方式，并且接受艺术熏陶，有助于汲取创造精神，以新的创造延续乡土文脉，弘扬优秀传统文化，同时增强村民的历史荣誉感和文化归属感。既有对乡村过往的记忆，也包含了对未来乡村振兴发展的自信和责任。

乡创馆是社区传统文化对外交流中心，也是传承非遗文化的社区平台。乡创馆将传统文化实物有效整合，着力打造集档案文化、历史传承、旅游资源于一体的文化基地，并以生活化、生动化、形象化的形式记录展示乡村发展轨迹、文化传统和非物质文化。围绕乡村文化设计的乡村创新馆，游客可以在里面全面地接触当地最具代表性的文化成果，能够为万溪冲社区书写自身文化符号的同时满足游客的求知欲，以及提振村民的文化自信心和自豪感。

乡村图书馆

文化在农村经济发展中担当着十分重要的角色，哪个地方最繁荣最富裕，那个地方就有与之相适应的文化设施，为当地人们提高文化素质提供保障。尤其是在人口众多的辽阔农村，农民需要学文化、学科技、了解信息。然而，基层一直是公共文化服务的重点和薄弱环节。在全国大部分农村地区，图书馆并没有被列入地方政府经济和社会发展规划当中，而更多依赖自上而下的方式，例如全国文化信息资源共享工程、送书下乡工程、农家书屋工程，等等。尽管改革开放以来，我国农村的文化站、图书馆的发展曾经面临起起伏伏的不同阶段，但 21 世纪《关于实施文化信息资源共享工程的通知》出台以后，全国妇联和文化部、中共中央办公厅、国务院办公厅、文化部和财政部先后下发了相关文件和指导意见；农业部更是从 2003 年开始投资 300 万元，在四川、云南、贵州等 20 个省 625 个村，建设首批 625 个“农民科技书屋”，使得包括农村图书馆在内的农村文化事业的发展步伐加快，其主要依照的是“政府资助建设，鼓励社会捐助，农民自我管理，市场运作发展”的要求来发展的。

在当前工业化、信息化、城镇化和农业现代化进程不断加快，城乡人口流动都呈现大幅增加的新时代，乡村社会居住人口的需求也表现出多层次、多元化的特点，对包括图书馆在内的公共文化设施的需求增加，对公共文化资源供给种类、数量和质量的要求也不断提升。因此，一方面，建立乡村图书馆（室）在助力乡村旅游、保护和传承乡村文化遗产方面具有重要作用，是促进乡风文明建设的主要阵地；另一方面，引入城市现代化的文化资源也显得尤为重要，这可以为类似万溪冲一样的乡村在吸引消费者并满足其在乡村驻足期间的文化消费和精神需求提供平台和空间。这也是对贯彻落实党的十八届三中全会所提出的“设综合性文化服务中心”改革任务、推进建设和完善基层公共文化设施、打通公共文化服务的“最后一公里”，从而丰富村民及游客的精神文化生活的具体实践。云南省文化和旅游厅于 2021 年 11 月出台的《关于推动云南省公共文化服务高质量发展的实施意见》中指出，要进一步完善公共图书馆、文化馆（站）和村（社区）综合性文化服务中心的建设。

与城市图书馆不同，乡村图书馆不仅具有保存文化记忆、传播人类知识的基本功能，以及社会教育、休闲娱乐、公共空间等衍生功能，还能够培育乡土认同感（王子舟，2021）。在乡村振兴战略实施过程中，各地不断出现了一些新的“2.0 版乡村图书馆”，万溪冲也不例外。万溪冲乡村图书馆坐落于商业步行街主道左侧。乡村图书馆落地过程中，云南艺术学院从设计、建设到运营对其进行全面管理。2021 年 4 月云南艺术学院将农耕文化和现代艺术相结合，将社区一处闲置旧民居提升改造成乡村图书馆，图书馆整体建设于 6 月 30 日完工，于 8 月 15 日正式免费对外开放（图 13 - 5）。这是万溪冲第一次以艺术介入乡村的方式完成了一个村庄老建筑到乡村图书馆的转变。从此，万溪冲社区终于有了自己的具有浓郁乡村品质和艺术品位的图书馆。值得一提的是，云南艺术学院将乡村图书馆与禾下咖啡厅结合，图书馆位于二层，禾下咖啡厅位于一层，划分为咖啡厅、书屋、露天书台、文创空间四个功能空间，可以满足村民和游客在品尝咖啡的同时享受闲暇的阅读时光。这得益于休闲文化的兴起以及图书馆管理理念的改变，为万溪冲打造一个全新的文化休闲场所、信息交流空间提供了有益的尝试。

图 13 - 5　乡村图书馆学习的学生

乡村图书馆落成后，周边高校及社会公益者纷纷捐赠图书。2021 年 8 月，云南省出版集团和云南美术出版社向乡村图书馆捐赠了 389 册价值 3 万余元的图书，涉及呈贡历史文化、呈贡民间绘画籍、云南艺术摄影作品、农耕文化、儿童绘本等范畴。为了方便儿童阅读和安全考虑，儿童绘本、幼儿文学等启蒙读物主要摆放在图书馆一层，也就是咖啡服务区，方便大人品鉴咖啡的同时照看小孩（图 13－6）。乡村图书馆的文创空间陈列了上百种文创产品，有根据云南本土文化元素制作而成的各类工艺品，还有各式各样的民间老器物。这些文创产品在外显当地文化的同时，也饱含着当地村民记忆深处的一缕乡愁。

图 13－6　万溪冲乡村图书馆

除此之外，云南艺术学院还以乡村图书馆为平台举办各种文化交流活动。2021 年 9 月，云南艺术学院师生在乡村图书馆举办了一场影・戏分享会，以《象脚鼓》《贵妇还乡》《土房我造》等几部纪录片为当地村民和游客讲述了传统技艺、现代建筑技术、乡村振兴等方面的故事。在未来，云南艺术学院将在乡村图书馆继续利用万溪冲的素材开展各类文化活动，探索用戏剧的方式讲述万溪冲的故事。并在此陆续开展诸如艺术乡建学院、文化交流沙龙、音乐会、读书分享会、创意写作工坊、青年影像工作坊、生物多样性工坊等多项在地活动，致力于打造学校、企业、社区与艺术文化相互融合的集合体（图 13－7）。

图 13-7　云南艺术学院师生社区戏剧表演活动

与此同时，云南艺术学院为万溪冲乡村图书馆创建了“禾下 LIBRARY”微信公众号，旨在构建连接在地文化和高校资源之间的平台，整合高品质设计策略与在地资源，开展各种文化交流活动，并对社区的乡村振兴故事进行宣传展示，吸引更多游客前来消费和拍照打卡，赋予乡村新活力。

乡村图书馆的建立，为万溪冲社区提供了一个新的文化空间。对于万溪冲村民来说，乡村图书馆的建成不仅是社区的公共知识空间，更是文化交流活动的场所，在留住乡愁的同时也带动了万溪冲社区精神面貌的改变。

第十四章

结　语

民族要复兴，乡村必振兴。正如党的十九大报告中所指出的，农业农村农民问题是关系国计民生的根本性问题，必须始终把解决好“三农”问题作为全党工作的重中之重，实施乡村振兴战略。乡村兴则国家兴，乡村衰则国家衰。乡村振兴是推动和实现共同富裕的重要支撑和必经之路。全面实施乡村振兴战略，走中国特色社会主义乡村振兴道路，促进共同富裕，应按照产业兴旺、生态宜居、乡风文明、治理有效、生活富裕的总要求，坚持中国共产党的领导，贯彻创新、协调、绿色、开放、共享的新发展理念，具体开展促进乡村产业振兴、人才振兴、文化振兴、生态振兴、组织振兴，推进城乡融合发展等活动。在当前中国社会快速转型与发展阶段，人民日益增长的美好生活需要和不平衡不充分的发展之间的矛盾在乡村最为突出，若想实现农业农村农民的现代化仍然面临着巨大挑战。全面建成小康社会和全面建成社会主义现代化强国，最艰巨最繁重的任务在农村，最广泛最深厚的基础在农村，最大的潜力和后劲也在农村。实施乡村振兴战略，无论是对于国家实现第二个百年奋斗目标还是中华民族伟大复兴的中国梦，都具有重大而深远的历史和现实意义。

按照党的十九大提出的决胜全面建成小康社会、分两个阶段实现第二个百年奋斗目标的战略安排，实施乡村振兴战略的目标任务是：到 2020 年，乡村振兴取得重要进展，制度框架和政策体系基本形成；到 2035 年，乡村振兴取得决定性进展，农业农村现代化基本实现；到 2050 年，乡村全面振兴，农业强、农村美、农民富全面实现。为了实现这些目标，中共中央、国务院不仅在 2018—2022 年的中央 1 号文件中对乡村振兴战略工作进行了重点部署，此外还专门印发了《乡村振兴战略规划（2018—2022年）》。作为乡村振兴战略的管理机构，国家乡村振兴局的成立，以及《中华人民共和国乡村振兴促进法》的颁布和施行等，国家乡村振兴战略的“四梁八柱”顶层设计首先实现构建。以国家层面的乡村振兴战略规划引领、法制保障、制度和政策等供给为前提和基础，全国各省、市、县等不同层面也相继进行了机构调整，责任主体得到落实，乡村振兴规划、设计和各项具体工作得到稳步推进和开展。在实践中，地方各级人民政府都在根据各自不同的地理区位特点、自然资源禀赋、经济社会基础和历史文化资源等不断地在探索具有自己特色的乡村振兴路径，与此同时，也在不断地总结乡村振兴和乡村建设过程中的经验和教训，以供其他地区进行学习交流或参考。

万溪冲社区，作为“都市驱动型乡村振兴实验区”中一个典型的城郊村，与其他五个村相比，既有一些传统村落的共同特征，如山林耕地等自然资源丰富和农户的生计来源多元化等；又有自己一些独有的特征和优势，如临近昆明城区尤其是 11 所高校、交通便利和城镇化程度较高等。因此，在工业化和城市化不断推进的情况下，如何通过城市动能来投资乡村、改造乡村，让万溪冲这样的乡村保留下来，是我们在实验中考虑的一个重要因素。因而，在设计和开展乡村振兴的具体行动时，万溪冲既有与其他五个村相同的地方，又有自己的特别之处。围绕着项目最初设计的“八大机制”，20 多项具体活动得以开展。在万溪冲，教授工作站和人才公寓的建设、步行街商廊的打造、咖啡厅和图书馆的建设等，在其他五个实验村也有类似的活动，而中小学生教育实践基地建设、自行车道和登山步道的打造则是万溪冲特有的新的产业业态。

都市驱动型乡村振兴实验，旨在通过将城市动能和乡村潜力相结合的方式，推动村集体和村民充分参与并共同受益的城乡融合发展。围绕“如何将都市动能引入乡村，转化为乡村动力”这一机制性问题，万溪冲在过去几年里进行了全方位的探索。时隔两年多，万溪冲的各项乡村建设的活动已经基本完成，无论是中小学生教育实践基地还是咖啡厅、步行街的商廊都已经初见成效，尤其是教育实践基地以农耕文化的传承为主要内容，不仅为昆明市的中小学生的农耕文化教育和一些单位的团建工作提供了丰富的条件，也为万溪冲社区的一些居民就地就近就业提供了机会。人才公寓和教授工作站为高校的博士和硕士研究生、本科生理解乡村和开展乡村研究提供了难得的平台和实践锻炼的空间，也为村民们更多地接触和了解村外的世界提供了通道。步行街商廊和咖啡厅的运行与登山步道和自行车道的开放，为城市居民在乡村净化灵魂寻得一处静谧之处，也为村民收入增加和生活环境改善提供了新的方式。

当前，在中国很多乡村都呈现出“离土”“守土”“归土”的三重复杂交织的图景，共同构成了当代政治社会背景下乡村的“三重变奏”，万溪冲也不例外。但是由于乡村资源的稀缺性，乡村价值的不断提升，乡村各种形态资产的重要性也日益凸显，因而说更重要的是如何探索出一套机制来实现乡村的新价值。要实现农业农村农民的全面发展与现代化，只有继续推进工业化、城镇化，促进城乡联动发展，才能真正让中国的乡村实现振兴（李小云，2020）。类似于万溪冲这样的城郊村，在全国还有很多，这些村庄如何实现现代化、如何推动乡村振兴，绝不能简单地将其等同于一般的村落，更不能与那些边远山区里的村庄的乡村建设相类比，而必须要探索出一条适合城郊村的独特路径。乡村发展离不开城市动能，但是现代乡村的建设不是仅仅保留传统，而是要将现代性和市场机制引进乡村，让小农户和市场有机衔接。以“都市驱动型”为根本理念的乡村振兴之路，对于城郊村而言，就是一种新的尝试和探索。通过将城市的资源引入乡村，为城市人口在乡村享受自然环境的同时提供城市生活方式的基础设施，能够将城市人口引进乡村甚至留在乡村。更加完善的基础设施、创新型的产业业态、不断与城市接轨的服务质量等都为城市资本注入乡村提供了前提和基础。有了城市人口在乡村居住、生活、消费，才能为乡村集体经济的发展提供新的驱动力，为村民的收入水平提高、生活质量改善提供新的路径，为城乡协力、城乡融合切实提供可能和机会。

但是，需要强调的是，从某种程度上讲，万溪冲的乡村振兴之路才刚刚开始，未来还有很长的一段路要走。当前，尽管乡村建设的主要活动内容已经基本完成并初见成效，但由于受到新冠肺炎疫情等外部环境和因素的影响，实验目前能够看到的效果与最初设计的预期还存在着一定的差距，例如小镇来访游客的数量不够稳定、步行街商廊的店主盈利不高、集体和农户的闲置资产流转不畅、农民在乡村建设中的参与有限，等等。这本书目前只是对万溪冲的乡村建设工作中“做了什么”这个问题进行了回答，而对于两年中万溪冲的乡村振兴工作“如何做的”“为什么做”这些问题以及所取得的经验和走过的弯路等，我们无论从学理上还是实践层面，未来都需要进行更细致的总结和更深入的思考。

参　考　文　献

鲍海君，吴次芳，2002. 论失地农民社会保障体系建设［J］. 管理世界（10）：37－42.

蔡文成，2018. 基层党组织与乡村治理现代化：基于乡村振兴战略的分析［J］. 理论与改革（3）：62－71.

丁波，2020. 乡村振兴背景下农村集体经济与乡村治理有效性——基于皖南四个村庄的实地调查［J］. 南京农业大学学报（社会科学版），20（3）：53－61.

樊赫，2021. 日本“艺术介入”乡村人居环境改善［J］. 农村工作通讯（3）：59－60.

费孝通，1998. 乡土中国　生育制度［M］. 北京：北京大学出版社.

费孝通，2006. 云南三村［M］. 北京：社会科学文献出版社.

龚仕建，2019. 乡村振兴　人才是关键［N］. 人民日报，02－17（01）.

顾永红，向德平，胡振光，2014.“村改居”社区：治理困境、目标取向与对策［J］. 社会主义研究（3）：107－112.

郭栋，李冲，2014. 2014年中国统计年鉴［M］. 北京：中国统计出版社.

郭文场，刘佳贺，2019. 中国梨的产业现状、存在问题及改进措施［J］. 特种经济动植物，22（3）：47－49.

贺雪峰，2010. 论农村基层组织的结构与功能［J］. 天津行政学院学报，12（6）：45－61.

贺雪峰，2019. 大国之基——中国乡村振兴诸问［M］. 北京：东方出版社.

侯嘉琳，李俊奇，王文亮，等，2017. 基于低影响开发的生态停车场优化设计研究［J］. 现代城市研究（1）：75－81.

霍军亮，吴春梅，2018. 乡村振兴战略背景下农村基层党组织建设的困境与出路［J］. 华中农业大学学报（社会科学版）（3）：1－8.

贾晋，刘嘉琪，2022. 唤醒沉睡资源：乡村生态资源价值实现机制——基于川西林盘跨案例研究［J］. 农业经济问题（2）：1－14.

贾苗苗，刘斌，2020. 新时期森林旅游资源开发思路浅析［J］. 西部林业科学，49（5）：164－167.

金双华，2013. 我国城镇居民财产性收入差距及其税收负担的实证研究［J］. 财贸经济（11）：22－32.

李博，2020. 乡村振兴中的人才振兴及其推进路径——基于不同人才与乡村振兴之间的内在逻辑［J］. 云南社会科学（4）：137-143.
李玲燕，裴佳佳，叶杨，2021. "资源—要素—政策"相协调下乡村典型发展模式与可持续发展路径探析［J/OL］. 中国农业资源与区划：1-17［2022.02.08］. http：//kns.cnki.net/kcms/detail/11.3513.5.2021.1130.1424.028.html.
李平，李秀彬，刘学军，2001. 我国现阶段土地利用变化驱动力的宏观分析［J］. 地理研究（2）：129-138.
李小云，2022. 为什么要培养乡村职业经理人？［J］. 农村工作通讯（3）：29-30.
李小云，2022. 中国的乡村振兴仍是一个现代化问题［EB/OL］. ［2022-03-24］. https：//nanduguancha.blog.caixin.com/archives/236473.
李小云，许汉泽，2016. 阶层重构与倒置：我国城市化进程中社会分化的新趋势——以B市G城中村为个案［J］. 贵州社会科学（1）：92-97.
李晓华，2016. "互联网+"改造传统产业的理论基础［J］. 经济纵横（3）：57-63.
李壮，李亚雄，2020. 论精准扶贫中驻村工作队的双重联结与双轨治理——鄂西L镇的个案研究［J］. 社会主义研究（2）：90-97.
刘晶晶，2008. 云南"一颗印"民居的演变与发展探析［D］. 昆明：昆明理工大学.
刘卿文，朱丽男，2021. 乡村旅游特色小镇的勃兴及去同质化困境的破解路径［J］. 农业经济（7）：45-47.
刘守英，熊雪锋，2018. 经济结构变革、村庄转型与宅基地制度变迁——四川省泸县宅基地制度改革案例研究［J］. 中国农村经济（6）：2-20.
刘玉娟，王华华，2021. 习近平关于党的基层组织建设重要论述的理论内涵与实践意蕴［J］. 理论导刊（1）：24-31.
刘悦忻，高阳，刘路路，等，2020. "以人为本"的村庄规划理念探索及其实践——以北京市大兴区朱脑村为例［J］. 中国土地科学，34（10）：18-27.
刘志昌，夏侠，2015. 城市化进程中多渠道增加农民财产性收入的比较研究［J］. 社会主义研究（2）：100-106.
卢福营，金姗姗，2008. 集体经济资源丰富背景下的村庄治理——以浙江A村为例［J］. 中共宁波市委党校学报（5）：55-59.
卢兰万，2006. 森林资源开发利用的优化模型研究［J］. 林业科学（2）：88-92.
陆继霞，2018. 土地流转农户的可持续生计探析［J］. 贵州社会科学（1）：154-160.
陆继霞，何倩，2016. 生计视角下农户土地流转意愿及影响因素分析——基于河南省某县龙村的实地调查［J］. 农村经济（2）：39-43.
陆铭，贾宁，郑怡林，2021. 有效利用农村宅基地——基于山西省吕梁市调研的理论和政策分析［J］. 农业经济问题（4）：13-24.
梅雨，2018. 旅游景区生态停车场研究［D］. 杨凌：西北农林科技大学.

欧阳静，2009. 运作于压力型科层制与乡土社会之间的乡镇政权——以桔镇为研究对象［J］. 社会，29（5）：39－63.

邱海峰，刘子冰，2022. 主题邮局，独特的“邮政绿”［EB/OL］. ［2022－04－16］. http：//travel. people. com. cn/n1/2019/1011/c41570－31393160. html.

万厦，海平，2005. 加速城市化进程中“村改居”的理论与实践探讨［J］. 社会科学研究（3）：130－135.

汪曾祺，2013. 老味道［M］. 北京：中国青年出版社.

汪曾祺，2020. 觅我游踪五十年［M］. 北京：华文出版社.

王克强，2000. 从地产对农民的生活保障效用谈农村社会保障机制建设的紧迫性［J］. 社会科学研究（2）：94－97.

王乐，2022. 一个大学教授的扶贫实验：让年轻人回村，不只是种地搞农业［EB/OL］. ［2022－04－20］. https：//www. thepaper. cn/newsDetail _ forward _ 3548852.

王莉，2007. 农家乐旅游发展研究［D］. 开封：河南大学.

王萍萍，2022. 人口总量保持增长　城镇化水平稳步提升［EB/OL］. ［2022－03－20］. http：//www. ce. cn/xwzx/gnsz/gdxw/202201/18/t20220118 _ 37264987. shtml.

王晓毅，2016. 精准扶贫与驻村帮扶［J］. 国家行政学院学报（3）：56－62.

王跃生，2006. 当代中国家庭结构变动分析［J］. 中国社会科学（1）：96－108.

王子舟，2021. 图书馆学关键词：乡村图书馆与乡村文化振兴［J］. 图书馆建设（2）：4－5.

韦娜，2012. 西部山地乡村建筑外环境营建策略研究［D］. 西安：西安建筑科技大学.

魏秀华，杨建州，2020. 森林资源开发减贫效应研究［J］. 统计与决策，36（2）：76－80.

温铁军，罗士轩，董筱丹，等，2018. 乡村振兴背景下生态资源价值实现形式的创新［J］. 中国软科学（12）：1－7.

吴彤，2001. 自组织方法论研究［M］. 北京：清华大学出版社.

奚建武，2011. “农民农”：城镇化进程中一个新的问题域——以上海郊区为例［J］. 华东理工大学学报（社会科学版），26（3）：84－90.

项继权，2007. 从“社队”到“社区”：我国农村基层组织与管理体制的三次变革［J］. 理论学刊（11）：85－89.

萧淑贞，2021. 乡村振兴需要首先解决认识上的十个根本问题［EB/OL］. ［3－24］. https：//mp. weixin. qq. com/s/1KGZH87x4WzYPoM4YZu1tQ.

杨贵华，2011. 论我国城市化进程中的“村改居”路径［J］. 湖南社会科学（5）：63－65.

姚瑶，2022. 中国咖啡消费量12年增长近500%！但人均消费仍不足5杯/年，咖啡市场潜力还有多大？［EB/OL］. ［2022－03－03］. https：//static. nfapp. southcn. com/content/201912/15/c2896325. html.

殷波，潘鲁生，2021. 乡村博物馆，与乡村生活共生［J］. 美术观察（5）：8－10.

苑鹏，刘同山，2016. 发展农村新型集体经济的路径和政策建议——基于我国部分村庄的调查［J］. 毛泽东邓小平理论研究（10）：23-28.

云南省统计局，2022. 云南省2021年国民经济和社会发展统计公报［EB/OL］.［2022-04-20］. http：//www.yn.gov.cn/sjfb/tjgb/202203/t20220328_239732.html.

张勇，2019. 乡村振兴背景下农村宅基地盘活利用问题研究［J］. 中州学刊（6）：37-42.

章友德，2010. 我国失地农民问题十年研究回顾［J］. 上海大学学报（社会科学版），17（5）：27-35.

赵德余，2009. 土地征用过程中农民、地方政府与国家的关系互动［J］. 社会学研究，24（2）：93-129.

赵霏越，周云香，闫小星，2020. 景区文创产品设计开发研究［J］. 美术教育研究（15）：76-77.

中共昆明市委政策研究室，2021. 昆明市基本情况［EB/OL］.［2021.12.12］. http：//www.km.gov.cn/c/2021-07-14/4002080.shtml.

朱净宇，2021. 空间和传奇：昆明“一颗印”传统民居［EB/OL］.［2021］. https：//www.kunming.cn/news/c/2021-03-05/13172560.shtml.

朱新武，谭枫，秦海波，2020. 驻村工作队如何嵌入基层治理？——基于“访民情、惠民生、聚民心”案例的分析［J］. 公共行政评论，13（3）：84-101.